Cuisiner sans produits laitiers

Les Éditions Transcontinental
TC Média Livres Inc.
5800, rue Saint-Denis, bureau 900
Montréal (Québec)
H2S 3L5
Téléphone : 514 273-1066 ou 1 800 565-5531
www.tcmedialivres.com

Pour connaître nos autres titres, consultez **www.tcmedialivres.com.**
Pour bénéficier de nos tarifs spéciaux s'appliquant aux bibliothèques d'entreprise
ou aux achats en gros, informez-vous au 450 461-2782 ou au 1 855 861-2782 (faites le 2).

**Catalogage avant publication de Bibliothèque et Archives nationales du Québec
et Bibliothèque et Archives Canada**

Adams, Ashley, 1984-

[Dairy-free kitchen. Français]

Cuisiner sans produits laitiers

Traduction de : The dairy-free kitchen.

Comprend un index.

ISBN 978-2-89743-016-0

1. Régimes sans lait. 2. Régimes sans lait - Recettes. 3. Livres de cuisine.
I. Titre. II. Titre : Dairy-free kitchen. Français.

RM234.5.A3214 2014   641.3'02   C2014-942052-8

Ce livre a été publié originalement aux États-Unis sous le titre *The Dairy-Free Kitchen*
par Fair Winds Press, une division de Quarto Publishing Group USA Inc.
© 2014 Fair Winds Press
Texte © Ashley Adams
Photographies © 2014 Fair Winds Press

Photographies : Ashley et Brian Adams
Image de la page 21 : Adam Gault / Getty Images

Édition québécoise
Édition : Marie-Suzanne Menier
Traduction : Carl Angers, Isabelle Charland
Révision : Louise Faucher
Traduction et adaptation des ressources (page 184) : Julie Roy
Traduction de la bibliographie : Andrée Hamelin
Correction d'épreuves : Edith Sans Cartier
Conception graphique de la couverture : Marie-Josée Forest
Infographie : Léonie Clermont, Nancy Godin, Diane Marquette

Imprimé en Chine
© Les Éditions Transcontinental, une marque de commerce de TC Média Livres Inc., 2014 pour la version française
publiée en Amérique du Nord.
Dépôt légal – Bibliothèque et Archives nationales du Québec, 1er trimestre 2015
Bibliothèque et Archives Canada

Les Éditions Transcontinental remercient le gouvernement du Québec – Programme de crédit d'impôt pour l'édition de livres – Gestion SODEC.
Nous reconnaissons l'aide financière du gouvernement du Canada par l'entremise du Fonds du livre du Canada pour nos activités d'édition.
Nous remercions également la SODEC de son appui financier (programmes Aide à l'Édition et Aide à la promotion).

Table des matières

Introduction

À proprement parler, dire qu'on cuisine « sans produits laitiers » suppose qu'il manque quelque chose. Pourtant, ce type de cuisine offre beaucoup de liberté et permet de savourer quantité de mets délicieux. Il serait donc plus juste de parler d'une cuisine « libre de produits laitiers ».

Les restrictions et les obstacles en cuisine nous portent souvent à explorer d'autres voies. Lorsque j'étais aux études, par exemple, j'ai abaissé de la pâte plus d'une fois avec une bouteille de vin parce que je n'avais pas de rouleau à pâte. Et j'étais plus satisfaite de ma croûte à tarte que je ne l'ai jamais été avec un rouleau à pâte. En cuisinant sans produits laitiers, vous découvrirez des aliments que vous adorerez, mais que vous n'auriez peut-être jamais essayés autrement.

POURQUOI J'AI PRIS LE VIRAGE

Enfant, j'étais une petite fille maladive qui semblait souffrir de troubles digestifs en permanence. « Elle a l'estomac sensible », disait ma mère. À l'époque, l'intolérance au lactose commençait tout juste à être connue. Et quand se présentaient des symptômes de maladie reliée à la digestion, on ne cherchait pas spontanément du côté des allergies.

À l'adolescence, je suis devenue végétalienne et mes problèmes digestifs ont disparu. C'était une décision que j'avais prise d'abord pour des raisons environnementales, mais j'avais peut-être aussi le sentiment que le lait n'était pas bon pour mon corps. J'ai commencé à cuisiner en expérimentant à la maison, puis comme commis de cuisine dans un restaurant, cuisinière à la chaîne et enfin en tant que boulangère. Je lisais tout ce que je pouvais sur la cuisine en testant de nombreuses recettes. J'adorais cuisiner et, surtout, réussir à transformer les ingrédients de la cuisine végétalienne en mets savoureux. Mon alimentation était sans produits laitiers, sans œufs et sans protéines animales, et je croyais être sur la bonne voie. Mais ma santé a décliné brusquement pour cause de sous-alimentation, et c'est alors que j'ai repensé mon rapport à la nourriture et à mon corps.

Je voulais renverser la vapeur. J'étais fatiguée de me sentir malade. Alors j'ai puisé mon inspiration auprès de gens que je connaissais et qui vivaient de façon véritablement saine. J'ai commencé une routine vigoureuse de course à pied et je pratiquais le yoga plusieurs fois par semaine. Je portais une attention particulière à la provenance des aliments que je mettais dans mon assiette, et je lisais tout ce que je pouvais sur la santé et la nutrition. J'ai décidé de ne plus adhérer à un régime végétalien strict, en partie parce que j'adorais la nourriture et l'aspect de partage avec les autres, et aussi parce que je souhaitais consommer des produits animaliers. Étant donné les troubles alimentaires que j'avais connus, je voulais faire tomber les barrières et les restrictions et manger des poissons sains et des œufs biologiques.

J'ai donc recommencé à consommer des produits laitiers — que je croyais « sains », bien sûr —, mais j'ai rapidement développé des problèmes digestifs. Je n'y comprenais rien. J'avais attribué mes problèmes antérieurs aux aliments transformés, et j'étais donc incapable d'expliquer pourquoi je me sentais malade à présent. Mon médecin a alors suspecté une allergie alimentaire. Des tests ont confirmé ses doutes : j'étais allergique aux produits laitiers.

Le fait de réaliser que j'avais une allergie depuis toujours a validé mes préoccupations. Dans ma cuisine, l'élimination des produits laitiers n'a pas été difficile. J'avais mangé végétalien pendant des années. Je savais lire les étiquettes, repérer les produits laitiers et cuisiner sans les utiliser. Rapidement, mon état de santé s'est amélioré. J'étais plus motivée que jamais à trouver une façon de bénéficier d'un régime alimentaire qui soit sain et qui ne m'excluait pas, socialement parlant. J'ai cuisiné, testé, essayé et ajusté des recettes. J'ai parcouru les épiceries et lu sur le sujet. Je voulais aimer ma nourriture et sentir qu'elle était bénéfique pour moi.

Depuis ce temps, j'ai écrit sur la cuisine sans produits laitiers et les avantages de manger des aliments qui favorisent une bonne santé. Je suis une cuisinière devenue chroniqueure culinaire, et je tiens un blogue intitulé « Dairy-Free Cooking » sur About.com, tout en rédigeant des articles et des recensions pour des journaux et des magazines. J'ai créé des recettes pour plusieurs restaurants et j'ai travaillé comme traiteure pour quelques mariages, y compris le mien (la recette de mon gâteau de mariage est disponible en ligne à l'adresse dairyfreecooking.about.com).

Essentiellement, je suis comme vous. Je cherche des façons de cuisiner en éliminant un ingrédient qui est devenu omniprésent dans notre société obsédée par la transformation, et en m'inspirant des tendances culinaires. Je ne suis pas chef professionnelle, ni médecin, ni chercheuse en alimentation ou nutritionniste. J'aime simplement consommer des aliments qui me font sentir bien et préparer des plats que je suis contente de partager avec les gens que j'aime.

DANS CE LIVRE

Je propose ici des recettes qui sont inspirées d'autres cuisines et conviennent à des régimes particuliers. Certaines se prêtent aux régimes sans gluten et sans produits laitiers; bon nombre conviennent aux régimes végétaliens sans produits laitiers et sans soja.

J'aime prendre des décisions éclairées à propos de ce que j'introduis dans mon corps. Bien sûr, j'apprécie une part de Gâteau au fromage végétalien (page 169) de temps à autre. Toutefois, je crois qu'une bonne partie des maladies qui affligent les cultures occidentales peuvent être évitées avec une meilleure alimentation. La recherche scientifique appuie cette affirmation et je partagerai avec vous certaines découvertes en ce sens.

Surtout, je veux vous surprendre. Et surprendre vos invités, à qui vous direz que ce qu'ils ont mangé n'était pas vraiment du fromage, mais quelque chose de bon pour la santé. Je veux vous démontrer le potentiel d'une poignée d'amandes et vous faire sentir fier d'avoir réussi à ouvrir une noix de coco. Je veux partager avec vous ce que j'ai appris dans cette aventure : que les aliments sains sont satisfaisants sur le plan nutritif, très agréables à cuisiner et délicieux, et qu'ils font des plats magnifiques.

Célébrez le plaisir de bien manger et portez-vous bien !

Chapitre 1

ADIEU, PRODUITS LAITIERS !

JE N'AIME PAS M'ATTARDER sur le négatif lorsqu'il s'agit d'alimentation. Je préfère miser sur les bienfaits d'une alimentation « libre de produits laitiers ». Toutefois, il y a des points négatifs associés à la consommation de produits laitiers, en particulier ceux consommés couramment dans les cultures occidentales. J'ai donc l'intention de les passer en revue avant d'explorer les substituts et leurs effets positifs sur la santé.

Commençons par la base d'une alimentation sans produits laitiers et les raisons pour lesquelles vous pourriez opter pour ce régime.

Qu'est-ce qu'une alimentation sans produits laitiers ?

Un aliment ou un régime « sans produits laitiers » signifie qu'il ne contient pas de lait issu d'un mammifère (vache, chèvre, brebis ou autre). Malgré une idée reçue persistante, il pourrait inclure des œufs, qui sont des protéines complètement différentes. Une étude publiée dans le *Journal of Allergy and Clinical Immunology* s'est penchée sur la sensibilisation croisée avec différents laits de mammifères chez des enfants ayant des allergies au lait de vache et a conclu que ces laits sont tout aussi risqués pour ceux qui sont allergiques au lait de vache.

Pour éliminer les produits laitiers, il ne suffit pas d'éviter les laits ; **il faut également s'abstenir de consommer les produits qui en sont dérivés, tels que le beurre, la crème et le fromage, et toutes les protéines du lait, telles que la caséine et le lactosérum, ainsi que le lactose,** qui est le composant sucré des produits laitiers. En général, ces protéines constituent les allergènes principaux pour les personnes allergiques aux produits laitiers. Ces ingrédients et d'autres dérivés du lait sont présents dans d'innombrables aliments transformés tels que les sauces, les céréales, les pains, les collations, les charcuteries et les poudres de protéines. Si vous vous contentez d'éviter les produits à base de lait sans lire les étiquettes, vous consommez probablement des produits laitiers à votre insu.

Préparer, manger ou acheter des aliments sans produits laitiers n'est pas si compliqué. Il s'agit simplement de savoir ce qui se trouve dans les aliments et ce qui ne s'y trouve pas. Il faut commencer par lire les étiquettes et miser le plus possible sur les légumes frais et certains aliments sains.

Le régime sans produits laitiers n'est pas nouveau ; dans de nombreuses cultures, les produits laitiers sont une denrée rare ou inexistante. En Occident cependant, où l'économie prend souvent le pas sur la santé et la qualité lorsqu'il s'agit d'alimentation, les produits laitiers sont omniprésents. Les historiens américains en ont fait état : ce sont les gens d'affaires et non les fermiers qui ont façonné l'industrie laitière tout comme certaines cultures agraires conventionnelles. Au début du 19e siècle, la plupart des familles possédaient leurs propres vaches. L'utilisation du lait et des produits laitiers a évolué avec l'arrivée de l'industrialisation et la croissance des villes. De nos jours, le lait est « fabriqué ». Les vaches sont injectées d'antibiotiques et d'hormones et traites par des machines. Cela produit un lait de moindre qualité qui est moins onéreux à produire à grande échelle et à vendre. Le lait est traité comme une culture peu coûteuse qui peut être utilisée dans les aliments transformés. Par conséquent, on le retrouve partout.

Se libérer des produits laitiers peut sembler une entreprise redoutable. Ce livre vous aidera à réaliser que c'est plus facile que vous ne le croyez. Cuisiner sans produits laitiers suppose que vous lisiez les étiquettes, que vous évitiez de nombreux aliments transformés et que vous demandiez des modifications au resto, par exemple que vos plats soient préparés avec de l'huile d'olive au lieu du beurre. Cela suppose aussi que vous dénichiez des recettes de remplacement pour vos plats préférés, que vous découvriez des façons plus saines de leur donner un goût riche ou une texture crémeuse, et finalement que vous cuisiniez avec des ingrédients qui vous sont peu familiers. Au bout du compte, vous découvrirez avec plaisir des aliments et des mets que vous n'auriez peut-être jamais essayés autrement.

Pourquoi cuisiner sans produits laitiers ?

Vous êtes peut-être à la recherche de recettes pour un enfant qui présente une allergie, ou vous cherchez à réduire votre apport en produits laitiers pour améliorer votre santé. Ou alors vous souhaitez faire un geste éthique en consommant moins de produits animaux ou en n'en consommant pas. Beaucoup de raisons peuvent vous pousser à éliminer les produits laitiers de votre alimentation.

LES ALLERGIES ET LES PRÉOCCUPATIONS LIÉES À LA SANTÉ

Les produits laitiers sont considérés comme l'un des allergènes alimentaires les plus courants. En 2011, une étude publiée par la revue *Pediatrics* affirmait que chez les enfants présentant des allergies alimentaires, les produits laitiers arrivaient en deuxième place après les arachides sur le plan de la prévalence. De plus, ces allergies et sensibilités ne se limitent pas aux bébés sevrés et aux adultes. Les mères qui allaitent remarquent que si elles consomment des produits laitiers, leur bébé peut faire des coliques. Certains experts croient que la consommation de produits laitiers pendant l'allaitement augmente chez les enfants la probabilité de développer des allergies alimentaires. Dans son livre *Mother Food*, l'experte en allaitement Hilary Jacobsen affirme que le fait d'exposer un bébé aux produits laitiers, même par l'entremise du lait maternel, augmente sa sensibilité à ceux-ci et accroît la possibilité qu'il développe une allergie. Elle ajoute que de nombreux poupons allaités qui ont un diagnostic de coliques présentent une amélioration lorsque la mère élimine le lait de son alimentation.

Même si l'intolérance au lactose n'est pas la même chose qu'une allergie au lait, les personnes souffrant de cette condition ont également intérêt à éviter les produits laitiers lorsque c'est possible et à les remplacer par des substituts. Une étude récente publiée dans le *Journal of the American Dietetic Association* estime qu'environ 25 % de la population américaine et 75 % de la population mondiale ont un faible taux de lactase ou souffrent d'une intolérance au lactose, ce qui laisserait supposer que les produits laitiers sont pour le moins problématiques pour bon nombre de gens, sinon la plupart. Même si plusieurs produits sur le marché rendent le lait plus digestible pour les gens intolérants au lactose, une multitude d'éléments laissent entendre que même les produits laitiers sans lactose sont un facteur de risque pour des maladies invalidantes, y compris les maladies auto-immunes, le cancer, les maladies coronarien-nes et l'ostéoporose — qu'on serait justement censé prévenir par la consommation de lait !

Étant donné que la santé des os est directement liée à l'apport en calcium, on peut penser que la consommation de lait — lequel a une teneur élevée en calcium — serait synonyme de santé des os et d'incidences plus faibles d'ostéoporose. Ce n'est pourtant pas le cas, d'après plusieurs études récentes indiquant que la prévalence de l'ostéoporose est en réalité plus élevée dans les pays consommateurs de produits laitiers comme les États-Unis, l'Australie et la Nouvelle-Zélande. En fait, une étude de l'Université Harvard menée pendant 12 ans auprès de 78 000 femmes a conclu que celles qui buvaient du lait trois fois par jour souffraient davantage de fractures que celles qui en buvaient rarement ou jamais. Également, des études comme celles citées dans le livre *The China Study* de T. Colin Campbell indiquent que les régimes à teneur élevée en protéines animales, y compris les protéines laitières, sont la cause de l'ostéoporose et non une panacée.

La raison semble assez évidente : les produits laitiers et autres protéines animales augmentent la charge d'acide métabolique dans l'organisme, alors que le calcium agit comme agent neutralisant. Lorsque la charge d'acide métabolique dans l'organisme augmente, celui-ci utilise le calcium pour la neutraliser. En clair, cela signifie que l'organisme dissout le calcium des os pour neutraliser l'acide. Avez-vous déjà entendu dire qu'il faut boire du lait lorsqu'on consomme des fruits acides ? Ce conseil n'est pas totalement mauvais parce que le calcium aide à neutraliser l'acide, et la vitamine C, à absorber le calcium. Mais les faits indiquent qu'il est plus avisé pour la santé des os de boire un verre de jus d'orange enrichi de calcium et de vitamine D.

Le cancer, les maladies coronariennes et le diabète, de même que d'autres maladies auto-immunes, sont maintenant associés à la consommation de produits laitiers. Même si les explications varient légèrement, les chiffres sont catégoriques. Dans les pays où il y a une augmentation de la consommation de produits laitiers, on constate une plus grande incidence de ces maladies.

C'est une protéine laitière présente dans le lait d'aujourd'hui qui en est la responsable, selon des preuves présentées dans des livres comme *Devil in the Milk* de Keith Woodford. L'auteur y réunit plus de 100 articles scientifiques portant sur les impacts d'une protéine fragmentaire présente dans certaines vaches laitières, appelée bêtacaséine A1. Cette protéine particulière a été associée à des maladies comme l'autisme, le diabète de type 1 et les maladies coronariennes. Ce ne sont pas toutes les vaches qui produisent cette protéine. Mais si elle n'est pas filtrée par les laiteries et si les élevages ont des vaches qui en produisent, le litre de lait acheté à l'épicerie contiendra cette protéine potentiellement dangereuse.

D'autres livres et études soutiennent que la consommation de produits laitiers est en partie responsable du déclenchement de ces maladies. C'est un fait bien documenté que les protéines présentes dans le lait de vache peuvent déclencher le diabète de type 1, qui se manifeste souvent dans la petite enfance et l'enfance. Des études et des recensions publiées dans des revues respectées telles que le *New England Journal of Medicine*, *Diabetes/Metabolism Research and Reviews* et *Current Diabetes Reviews* ont montré le lien entre une consommation précoce de lait de vache et l'incidence du diabète de type 1. On y met en cause la ressemblance entre les protéines du lait de vache et les protéines du corps humain. Lorsque nous consommons des protéines du lait, un certain nombre d'entre elles s'introduisent dans notre sang avant d'être décomposées en acides aminés. Notre organisme traite ces protéines de vache non digérées comme une invasion étrangère et produit des « moisissures » pour les détruire, déclenchant une réaction auto-immune au cours de laquelle l'organisme s'attaque à ses propres cellules.

C'est le commencement du diabète. Il est possible que les bébés dont le système digestif est sous-développé et qui sont nourris au lait maternisé à base de lait de vache soient plus à risque de développer cette maladie.

Les liens entre divers types de cancer et la consommation de produits laitiers sont également bien documentés. Dans une recension d'études parue en 2001, les chercheurs affirment que la consommation de produits laitiers est « l'un des prédicteurs alimentaires les plus constants du cancer de la prostate ». Une hormone de croissance appelée « facteur de croissance 1 analogue à l'insuline » (mieux connue sous son abréviation anglaise, IGF-1) est responsable de l'un des mécanismes à l'origine de ce prédicteur alimentaire. Il s'agit du même mécanisme que celui qui est en corrélation avec l'incidence du cancer du sein. D'après Campbell, l'IGF-1 est de plus en plus connue comme prédicteur du cancer, comme le cholestérol l'est pour les maladies coronariennes. Cette hormone est responsable de la régulation du taux de croissance des cellules dans l'organisme. Lorsque l'IGF-1 est présente à des taux excessifs, elle accélère la croissance de nouvelles cellules et inhibe l'élimination des anciennes. Cela entraîne le cancer. Les produits laitiers accroissent le taux d'IGF-1 dans le sang tout en diminuant les réserves en vitamine D — un puissant nutriment dans la prévention du cancer —, créant un milieu propice à la prolifération du cancer.

Un dernier point, mais non le moindre : les maladies coronariennes sont associées à la surconsommation de produits laitiers. Les régimes à teneur élevée en cholestérol et en gras saturés sont accusés de favoriser les maladies coronariennes. Les produits laitiers contiennent des gras saturés (les « mauvais » gras saturés, comme nous l'apprendrons plus loin) et du cholestérol en grande quantité. Conséquemment, les cultures qui ont des régimes à plus haute teneur en produits animaux et laitiers ont également une incidence plus élevée de maladies coronariennes que celles qui ont davantage recours aux aliments végétaux. Une étude publiée dans l'*European Journal of Clinical Nutrition* conclut que la consommation de lait est en forte corrélation avec une augmentation du niveau de cholestérol dans le sang et de la mortalité coronarienne.

Les substituts du lait auraient-ils le même effet ? Le lait de coco, par exemple, a une teneur élevée en gras saturés. Mais les gras saturés présents dans le lait de coco et ceux que l'on trouve dans les produits laitiers n'ont pas les mêmes effets sur le cholestérol. Le lait de coco accroît le taux de HDL ou bon cholestérol dans l'organisme, mais pas de LDL — le cholestérol qui entraîne les maladies coronariennes. On a aussi montré que les protéines végétales telles que le soja réduisent le taux de cholestérol, alors que les protéines du lait telles que la caséine l'augmentent. Une autre étude publiée au milieu des années 1990 par le Dr Caldwell B. Esselstyn proposait de traiter des patients aux prises avec une maladie coronarienne aiguë en instaurant un régime végétal sans produits laitiers. Les résultats ont été renversants. Non seulement la maladie chez ces patients ne s'est pas accélérée, mais elle a suivi la tendance inverse. Les plantes sont puissantes !

C'est pourquoi, dans ce livre, vous trouverez des recettes de mets préparés principalement avec des protéines végétales et des gras sains. S'il est possible de prévenir, voire de guérir, les maladies des sociétés riches qui consomment trop de viande et de produits laitiers par un régime alimentaire sain sans produits laitiers, voilà une sérieuse motivation pour essayer de faire des changements dans votre assiette.

VÉGÉTALISME : LES RAISONS ÉTHIQUES

Même si ce livre n'est pas végétalien, vous y trouverez de nombreuses recettes végétaliennes.

Je crois qu'une alimentation végétale est une bonne chose. L'achat d'ingrédients frais, biologiques et produits localement est la façon la plus saine — et délicieuse — de s'alimenter. L'industrie laitière compte énormément sur les antibiotiques, les hormones artificielles et le bétail élevé en usine. En éliminant les produits laitiers, vous êtes davantage en mesure de savoir ce que vous ingérez.

L'homme est la seule espèce qui s'alimente de produits laitiers après le sevrage, et la seule à s'alimenter du lait d'une autre espèce. Certains détracteurs prétendront certes que notre organisme devrait être en mesure de digérer naturellement le lait d'autres mammifères. Or, le fonctionnement d'une laiterie à grande échelle n'a rien de naturel.

Le Dr Robert M. Kradjian a écrit sur ce sujet, en relevant que la mise en marché du lait met l'accent sur son aspect réconfortant, comme le lait maternel l'est pour le nouveau-né. Sauf que le lait qu'on achète au supermarché n'est pas un lait maternel pour nouveau-nés. C'est un lait destiné aux veaux qui est consommé par des adultes humains. « Le lait n'est pas simplement du lait, affirme Kradjian. Le lait de chaque espèce de mammifère est unique et spécialement adapté aux besoins de cet animal. Par exemple, le lait de vache est beaucoup plus riche en protéines que le lait humain — trois ou quatre fois plus riche. Il contient de cinq à sept fois son apport en minéraux. Il est sensiblement déficient en acides gras essentiels comparativement au lait maternel humain. Le lait maternel contient de 6 à 10 fois la quantité d'acides gras essentiels présents dans le lait de vache, surtout l'acide linoléique. (Alors que le lait de vache écrémé ne contient aucun acide linoléique.) Le lait de vache n'est tout simplement pas conçu pour l'homme. » Dans cet article, « The Milk Letter: A Message to My Patients », le Dr Kradjian résume plus de 500 articles scientifiques publiés sur une période de cinq ans : selon lui, aucun ne prétend que le lait est un aliment remarquable ou nutritif. En revanche, tous les rapports mentionnaient la corrélation entre la consommation de lait et l'incidence des allergies, des infections et des maladies.

À l'échelle de la planète

De nombreuses cultures culinaires sont exemptes, ou presque, de produits laitiers. Ces cuisines mettent plutôt l'accent sur des aliments de source végétale tels que les huiles, le soja et les laits naturels comme le lait de coco. Bon nombre de cuisines asiatiques et insulaires — des Caraïbes aux Philippines — misent sur le lait de coco pour les sauces, les soupes et les boissons, ainsi que sur l'huile de coco comme corps gras principal. Dans la cuisine indienne, certains des dhals les plus riches et crémeux sont préparés uniquement à partir de lentilles, d'huile, de légumes et d'épices. L'Afrique du Sud propose des poudings parmi les plus remarquables, préparés uniquement à partir de fruits, de jaunes d'œufs, de jus et d'ingrédients aromatiques. L'inspiration de nombreuses recettes dans ce livre provient de cuisines non occidentales. Les produits du soja fermenté m'ont inspirée pour remplacer le fromage, dans le Fromage bleu de noix de cajou (page 62) par exemple. Enfin, les flocons d'agar-agar — un dérivé du varech — me sont très utiles lorsque je prépare des fromages végétaliens durcis comme les fromages de noix maison (pages 58 à 60). Si vous avez la chance d'habiter près d'un marché asiatique, allez-y pour explorer. Laissez-vous guider par vos sens : on y trouve quantité de merveilleux aliments sans produits laitiers.

Chapitre 2

COMMENT SE LIBÉRER DES PRODUITS LAITIERS
(ET TOUT DE MÊME ABSORBER DU CALCIUM)

COMME NOUS L'AVONS VU dans le chapitre précédent, on trouve des produits dérivés du lait dans beaucoup d'autres aliments que les seuls produits laitiers. Bien entendu, le beurre, le fromage, la crème et le lait n'ont pas leur place dans un régime sans produits laitiers, mais cela vaut aussi pour la caséine, le lactose et le lactosérum, que l'on trouve dans les aliments transformés et préparés. Dans ce chapitre, nous allons examiner les ingrédients à éviter dans une alimentation sans produits laitiers et apprendre à cuisiner de délicieux mets sans les utiliser. Nous allons également aborder l'une des plus sérieuses inquiétudes entourant l'élimination des produits laitiers sur le plan nutritif, c'est-à-dire comment s'assurer d'un apport suffisant en calcium.

Les produits laitiers les plus courants, et comment s'en passer

Le beurre. C'est un ingrédient-clé dans les produits de boulangerie, les pâtisseries, les desserts, les sauces, les sautés et les soupes. Utilisé depuis des milliers d'années, il n'est pas étonnant qu'il figure toujours à la base de bien des recettes. Parmi les mots à surveiller dans la liste d'ingrédients de produits qui contiennent du beurre, il y a bien sûr le beurre comme tel, mais aussi la matière grasse de beurre (ou graisse butyrique), l'huile de beurre, la matière sèche de beurre et le ghee, qui est un autre mot pour dire « beurre clarifié », un ingrédient traditionnel dans les cuisines indienne et moyen-orientale.

Le beurre ajoute du gras, de la saveur et de la richesse aux plats. Pour le remplacer, il faut trouver un produit qui joue le même rôle. J'utilise la margarine de soja et d'autres margarines végétaliennes dans toute recette qui demande du beurre. Pour un produit sain, recherchez les margarines sans gras hydrogénés. Dans les recettes de pains rapides, de sauces, de sautés et de soupes, optez pour des huiles bonnes pour la santé cardiaque telles que l'huile d'olive extra vierge au lieu du beurre. Dans les produits de boulangerie, les pâtisseries, les desserts, les sauces et les soupes, l'huile de coco est une autre option saine qui donne une texture et un goût délicieux. Le seul hic est son coût assez élevé. Il vaut la peine de l'acheter en vrac ou au prix du gros, si vous le pouvez.

En évitant les gras malsains tels que le beurre, vous avez l'occasion d'ajouter des gras sains pour les remplacer, comme l'huile d'olive extra vierge. Elle a une teneur élevée en phénols, qui sont de puissants antioxydants, et en matières grasses monoinsaturées, qui diminuent le taux de LDL (le « mauvais » cholestérol) et augmentent le taux de HDL (le « bon » cholestérol). L'huile de coco, comme il est dit au chapitre 5 (page 37), regorge aussi de bienfaits, tant antimicrobiens, antiviraux que cardiaques.

Le fromage. Qu'il soit fondu, râpé, en poudre ou servi tel quel, le fromage entre dans la composition d'innombrables plats des cuisines occidentales. C'est un produit unique en son genre qui est solide à la température ambiante, mais qui peut s'étirer et fondre sans se liquéfier lorsqu'on le chauffe. C'est sans nul doute le produit laitier le plus difficile à imiter.

Il peut s'avérer ardu de dénicher des fromages du commerce sans produits laitiers. Bon nombre de fromages soi-disant « non laitiers » ne tiennent pas leur promesse et contiennent de la caséine, du lactosérum ou les deux. Plusieurs contiennent également des ingrédients transformés que l'on cherche à éviter si on aspire à une alimentation saine. Il faut donc être sélectif dans ses achats. Sinon, pour éviter complètement la longue liste d'ingrédients transformés, vous pouvez le faire vous-même. Ici comme ailleurs, lisez les étiquettes attentivement et choisissez des produits préparés sans matières grasses hydrogénées.

Les ingrédients essentiels à la préparation de fromages maison sans produits laitiers peuvent sembler inhabituels, mais ils sont faciles à utiliser. La levure alimentaire est un ingrédient-clé dans la cuisine végétalienne depuis des décennies, en raison de son goût naturel qui rappelle celui du fromage, le parmesan en particulier. On la trouve dans les magasins d'aliments naturels, et maintenant même dans les supermarchés. Elle contient une mine d'éléments nutritifs : dans seulement 2 c. à tab (30 ml), elle vous procure votre apport quotidien en vitamines B_6 et B_{12}. Saupoudrez-la sur des salades ou des pâtes au lieu du fromage parmesan, ou utilisez-la dans vos fromages maison tels que le Fromage de noix de cajou (page 58) ou le Fromage de noix du Brésil (page 59).

L'agar-agar, un varech qui sert de substitut végétarien à la gélatine, convient aussi parfaitement à la préparation de fromages sans produits laitiers. Si on ajoute de l'agar-agar à un liquide et qu'on fait mijoter celui-ci avant d'y incorporer les autres ingrédients, on peut créer une texture souple semblable à celle d'une pâte de fromage. Les flocons d'agar-agar se vendent dans les magasins d'aliments naturels, les marchés asiatiques et les épiceries spécialisées. Ils sont chers, mais une petite quantité suffit. Et ils sont bons pour la santé ! En effet, l'agar-agar est une bonne source naturelle de calcium, de fer et de fibres.

Les noix, surtout les noix de cajou, sont parmi les principaux ingrédients de mes fromages sans produits laitiers préférés. Une fois mélangées, elles forment une base crémeuse pour toute variété de fromage. Les assaisonnements, la levure alimentaire, le lait végétal comme le lait de coco et les flocons d'agar-agar viennent compléter la composition de cette base. Ces ingrédients confèrent aux fromages maison sans produits laitiers des matières grasses saines, des nutriments essentiels, des protéines et du goût.

Les fromages mous tels que le fromage cottage, le fromage ricotta et le fromage de yogourt sont faciles à préparer sans produits laitiers. Le tofu fait un substitut sain, peu coûteux et goûteux au cottage et à la ricotta. Utilisez des fromages mous sans produits laitiers en remplacement du fromage ricotta dans des pâtes ou pour servir avec des fruits. Préparez facilement du fromage de yogourt avec du yogourt nature non sucré sans produits laitiers, et en utilisant un bol, une grille de refroidissement et de l'étamine (coton à fromage). Voici la méthode. Incorporez une pincée ou deux de sel dans un bol contenant du yogourt sans produits laitiers. Placez une étamine sur le bol et tendez-la, puis fixez-la avec un élastique. Retournez le bol sur une grille de refroidissement placée au-dessus d'un autre bol. Laissez égoutter le liquide du yogourt pendant plusieurs jours, jusqu'à ce qu'il ne reste que la matière solide — le fromage. Savourez-le sur des craquelins ou avec des crudités pour une collation santé.

La crème. Cet ingrédient courant dans les sauces, les soupes, les desserts et le café matinal se décline de bien des façons, dont la crème fraîche, la crème à café, la crème à fouetter et la crème sure. Toutes les crèmes sont faites à partir de la matière grasse qu'on a prélevée de la surface du lait. Autrement dit : les crèmes de tout genre sont grasses. Ce qu'elles ajoutent à chaque plat varie énormément, et le produit que vous choisirez pour la remplacer variera donc également. La crème à 5 % ou à 10 % dans votre café du matin peut être remplacée par l'équivalent au soja ou tout substitut de lait. La crème sure se remplace aisément par le produit à base de soja correspondant ou une crème sure maison sans produits laitiers comme la Crème sure de noix de coco (page 57). Si vous avez besoin d'un substitut de crème sure pour préparer des pains et gâteaux, mélangez 2/3 t (160 ml) de tout substitut de lait sans produits laitiers avec 1 c. à tab (15 ml) de jus de citron fraîchement pressé pour ajouter un goût sûr et permettre aux agents levants de faire lever la pâte. Préparez de la crème fouettée avec de la crème de coco et une pincée de sucre glace, comme dans la Crème fouettée au lait de coco que j'utilise pour garnir mes Laits fouettés super épais aux trois saveurs (page 168).

Le lait. C'est le produit laitier par excellence parce qu'il est à la base de tous les autres. Les laits de tout mammifère — vaches, chèvres, brebis, etc. — sont à éviter dans un régime sans produits laitiers, tout comme le babeurre, les solides (ou matière sèche) de babeurre, le lait en poudre, les solides de lait, le lait évaporé, les protéines de lait hydrolysées et le lait concentré sucré.

Grâce aux nombreux laits sans produits laitiers offerts aujourd'hui, il est aisé de remplacer le lait dans les céréales ou les poudings. Et dans toute recette, vous pouvez remplacer le lait par du lait d'amande, du lait de coco, du lait de chanvre, du lait de riz ou du lait de soja. Expérimentez avec les différentes variétés. Vous pouvez également préparer toutes ces sortes de lait à la maison (pages 49 à 56). Certains substituts de lait conviennent mieux à certains usages. Le lait d'amande est idéal pour les céréales du matin, alors que le lait de coco donne des soupes, poudings et fromages succulents. Le lait de soja et le lait de chanvre sont délicieux dans un café

au lait, et le lait de riz est tout indiqué pour les enfants souffrant de multiples allergies.

Pour remplacer le babeurre dans les recettes, utilisez n'importe quel lait sans produits laitiers et ajoutez 1 c. à tab (15 ml) de jus de citron ou de vinaigre de cidre par tasse (250 ml) de lait. Mélangez et laissez reposer environ une minute pour lui permettre d'épaissir.

Il y a deux façons de remplacer le lait évaporé dans une recette. Vous pouvez verser dans une casserole trois fois la quantité de lait sans produits laitiers qu'il vous faut pour la recette (par exemple, 3 t [750 ml] de lait de soja pour 1 t [250 ml] de lait évaporé) et le faire mijoter jusqu'à ce qu'il ait réduit à la quantité désirée. Ou encore, dans la jarre d'un mélangeur, mettre du lait de soja en poudre ou du lait de riz en poudre avec la même quantité d'eau et bien mélanger.

On peut facilement remplacer le lait en poudre en utilisant la même quantité de lait de soja, de lait de riz ou de lait de pomme de terre en poudre. Ces produits sont vendus dans les magasins d'aliments naturels, dans les épiceries spécialisées ou sur Internet. Le lait de coco en poudre contient presque toujours de la caséine ou un dérivé de celle-ci, mais il semble qu'un lait de coco en poudre végétalien serait en préparation.

Pour remplacer le lait concentré sucré dans une recette, utilisez la même quantité de crème de coco en conserve (dans les supermarchés et les épiceries fines), qui est essentiellement du lait de coco sucré stabilisé. Pour préparer ma propre crème de coco, je mets des boîtes de lait de coco au réfrigérateur la veille, puis j'égoutte le liquide et je retire la crème pour la mettre dans une petite casserole. J'ajoute 1/4 t (60 ml) de sucre de canne non raffiné par tasse (250 ml) de crème de coco, et je laisse mijoter le mélange à feu moyen jusqu'à ce qu'il ait réduit de moitié. Même si cette méthode convient aussi au lait de soja ou de riz, l'onctuosité de la crème de coco en fait le meilleur substitut.

Le yogourt. C'est un autre produit laitier qu'on consomme depuis des milliers d'années. Aujourd'hui, on le sert tel quel, fouetté dans des sauces et des trempettes, congelé comme de la crème glacée, ou on l'utilise comme enrobage des fruits séchés ou autres collations. Dans les magasins et sur les étiquettes, on le désigne aussi par *kéfir, cultures de yogourt* et *poudre de yogourt*. Dans les restaurants, la raïta et le tzatziki sont des sauces courantes à base de yogourt.

De tous les produits laitiers, c'est sans doute le yogourt qui procure le plus de bienfaits pour la santé, en raison de ses ingrédients probiotiques,

mais il est tout de même facile à remplacer. Le premier yogourt de soja a été développé il y a cent ans et commercialisé à Paris en 1911. Dans les magasins d'aliments naturels et les supermarchés, on trouve maintenant du yogourt d'amande, du yogourt de noix de coco et du yogourt de soja. Avec du lait sans produits laitiers, des cultures bactériennes et une yaourtière peu coûteuse, vous pouvez facilement préparer votre propre yogourt, comme le Yogourt d'amande (page 64). Vous pouvez également acheter des cultures bactériennes végétales dans les magasins d'aliments naturels spécialisés ou sur Internet pour les utiliser comme ferments. Pour préparer du yogourt sans produits laitiers sans yaourtière, comme je le fais avec mon Yogourt de noix de coco à la mijoteuse (page 66), il vous faut du lait sans produits laitiers, du yogourt sans produits laitiers comme ferment, une mijoteuse et un thermomètre à cuisson.

Les produits laitiers cachés, de la caséine au lactosérum

Grâce aux procédés utilisés pour transformer les aliments de nos jours, les fabricants sont en mesure d'isoler les composants du lait au lieu d'utiliser le produit entier. Par conséquent, plusieurs composants du lait sont présents dans les aliments transformés, des céréales aux grignotines, en passant par les charcuteries et les sauces. Certains sont utilisés pour améliorer le goût, d'autres comme agents émulsifiants ou stabilisants. Et d'autres servent à créer une texture « élastique » dans les fromages « non laitiers » (mais non sans produits laitiers). Voici quelques ingrédients à surveiller en lisant les étiquettes.

La caséine. Il s'agit d'une phosphoprotéine que l'on trouve dans le caillé, la partie du lait qui forme des grumeaux dans les produits laitiers tels que le fromage cottage. De nombreux aliments transformés l'utilisent comme agent liant ou émulsifiant. C'est la protéine à laquelle la plupart des personnes allergiques au lait réagissent. Vous en trouverez dans les plats cuisinés en boîte, les repas congelés, les soupes, les barres énergétiques, les collations, les fromages non laitiers, les colorants à café non laitiers et les suppléments. Recherchez la mention de caséine telle quelle sur les étiquettes, ou encore celle de caséinate d'ammonium, caséinate de calcium, hydrolysat de caséine, caséinate de fer, caséinate de magnésium, paracaséine, caséinate de potassium, caséine-présure, caséinate de sodium, caséinate de zinc et recaldent, un dérivé de la caséine, qui est parfois utilisé dans les gommes à mâcher.

Le lactose. Ce composant sucré du lait est un disaccharide que bien des adultes et des enfants ne peuvent digérer en raison d'une quantité insuffisante de lactase, l'enzyme qui sert à digérer le lactose dans l'organisme. Bien que les personnes allergiques aux produits laitiers ne soient pas normalement allergiques au lactose, la présence de lactose dans un aliment ne convient pas aux personnes intolérantes au lactose ou allergiques au lait. Habituellement, la présence de lactose indique la présence d'un autre ingrédient laitier, mais pas toujours. Le lactose améliore la rétention d'eau des charcuteries et favorise la dorure des aliments cuits au four.

Le lactosérum. Il s'agit de l'autre protéine principale du lait, contenue dans la partie liquide des produits laitiers (le petit-lait). Le lactosérum peut lui aussi déclencher une réaction allergique chez les personnes allergiques aux produits laitiers. De nombreux aliments transformés contiennent du lactosérum, y compris les boissons protéinées pour sportifs et les concentrés de protéines de lactosérum. Deux dérivés du lactosérum, la lactalbumine et la lactoglobuline, sont des agents stabilisants utilisés dans les produits et les suppléments alimentaires. Le lactosérum cristallisé forme une poudre à teneur élevée en lactose que les fabricants ajoutent aux produits de boulangerie, aux pâtisseries, aux confiseries et aux préparations pour nourrissons. Les ingrédients suivants qui figurent sur une étiquette d'aliment indiquent la présence de lactosérum : lactosérum doux, lactosérum en poudre, concentré de protéines de sérum (WPC) et hydrolysat de protéines de sérum.

La façon la plus simple d'éviter la consommation de produits laitiers cachés est de lire les étiquettes. La façon la plus simple de savoir ce que contiennent vos aliments — et de vous assurer qu'ils sont sains — est de laisser tomber les aliments transformés et de privilégier les aliments sains.

Des sources de calcium à découvrir

L'industrie laitière a réussi haut la main à établir le lien entre la consommation de lait, l'apport en calcium et la santé des os. Par conséquent, on suppose souvent que, si on ne boit pas de lait, on n'aura pas un apport suffisant en calcium. Mais regardons de plus près : d'où vient le calcium des vaches ? De l'herbe, donc d'une plante. Et comme nous l'avons vu au premier chapitre, les pays consommateurs de lait ont en réalité une incidence d'ostéoporose plus élevée. Plusieurs études récentes, comme celle de l'Université Harvard qui a constaté que les femmes qui buvaient plus de lait souffraient davantage de fractures des os, ont conclu que le lait n'est pas un aliment miracle pour la santé osseuse comme on a voulu nous le faire croire.

Il est vrai que le calcium est important pour la santé globale et la santé des os. Le calcium est essentiel à la formation d'os et de dents robustes ; de plus, il diminue le taux de cholestérol et participe à d'autres fonctions dans l'organisme directement liées à la santé du cœur et du cerveau. Alors, comment fait-on pour obtenir son apport en calcium sans produits laitiers ?

LES SUBSTITUTS DE LAIT DANS LES RECETTES

Certains substituts du lait fonctionnent mieux que d'autres dans certaines recettes. Le lait de coco convient aux soupes, aux poudings et aux sauces crémeuses, et c'est le meilleur pour préparer de la crème fouettée et de la crème sure sans produits laitiers. Le lait d'amande, le lait de riz brun, le lait de noix de cajou et le lait de soja sont parfaits pour une utilisation quotidienne, par exemple pour ajouter à une pâte, verser sur des céréales ou boire directement au verre. Le lait de soja est un bon substitut dans presque toutes les recettes parce que sa teneur en protéines et en calories ressemble à celle du lait.

Lorsque vous choisissez un substitut sans produits laitiers pour le lait dans une recette, gardez à l'esprit ce que vous cherchez à remplacer. Le lait et la crème de coco remplacent avantageusement les produits laitiers riches en matières grasses dans la préparation de laits et crèmes fouettés, de crème fraîche et de crème sure. Le lait d'amande et le lait de noix de cajou ont une saveur douce, mais donnent une certaine richesse et une consistance veloutée aux soupes et aux sauces. Utilisez-les pour remplacer le lait à 1% ou à 2%. Le lait de riz brun est plus clair et sucré et remplace aisément le lait écrémé.

Il faut aussi penser aux personnes pour lesquelles vous cuisinez. Comme le lait de riz brun est hypoallergène, il constitue souvent le choix le plus sûr lorsque vous préparez des plats pour plusieurs personnes avec des régimes variés. Le lait de coco vient en deuxième, car il plaît sans doute plus aux gens habitués à consommer des aliments riches.

Plus vous expérimenterez, plus vous apprendrez quel lait convient le mieux à une recette donnée. Pour commencer, essayez quelques recettes dans ce livre.

Le tofu. C'est l'une des meilleures sources de calcium sans produits laitiers. Le tofu contient près de 400 mg de calcium — environ 40 % de l'apport quotidien recommandé — par portion de 4 oz (125 g). Émiettez-le sur une salade, préparez une recette de Fromage ricotta de tofu (page 63) pour un plat de pâtes ou faites le cuire au four ou sauter dans une poêle pour créer des plats savoureux, peu coûteux et sains.

Les légumes-feuilles. Ils constituent un autre bon choix. Une tasse (250 ml) d'épinards ou de chou vert cuits contient environ 25 % de l'apport quotidien en calcium. Une tasse (250 ml) de chou frisé, de feuilles de moutarde ou de bette à cardes en contient près de 10 %. Au lieu de préparer une salade avec de la laitue romaine, qui ne contient que 3 % de l'apport quotidien en calcium, faites blanchir des légumes-feuilles riches en calcium, puis arrosez-les d'un peu d'huile d'olive (bonne pour le cœur) et de jus de citron fraîchement pressé.

La mélasse noire. C'est une autre bonne source de nutriments et de calcium, et l'un des ingrédients les plus faciles à ajouter à votre alimentation quotidienne. Avec 2 c. à thé (10 ml) de mélasse noire, vous obtenez environ 11 % de votre apport quotidien en calcium, ainsi que d'autres nutriments comme le fer, le potassium et le magnésium. Surtout, elle a bon goût. Ajoutez-en 1 c. à thé (5 ml) dans un smoothie ou une tasse de thé, ou prenez-la en collation de temps à autre au courant de la journée. Pour une occasion spéciale, préparez le Pain d'épices glacé à la vanille (page 156), qui est riche en mélasse, et vous serez fier de dire qu'en plus, c'est bon pour la santé !

Les amandes. Avec seulement 1/4 t (60 ml) d'amandes, vous obtiendrez environ 90 mg de calcium, 6 g de protéines et 3 g de fibres. Les amandes, comme on le verra à la page 26, sont les surdouées des aliments sans produits laitiers. Utilisez-les pour préparer du fromage, du lait ou votre propre yogourt, le tout sans produits laitiers. On peut également en faire des collations on ne peut plus santé.

Les graines de sésame. Un quart de tasse (60 ml) de graines de sésame contient près de 35 % de l'apport quotidien en calcium. Mettez-en dans vos salades ou achetez du beurre de sésame préparé à partir de graines entières (non à partir de graines décortiquées) et utilisez celui-ci dans le hoummos maison, dans les vinaigrettes ou comme tartinade. Pour ma part, j'utilise le tahini ou beurre de sésame dans certaines de mes sauces et trempettes au fromage sans produits laitiers (comme la Trempette au fromage de noix de cajou, page 94). Vous pouvez même l'utiliser pour remplacer le beurre d'arachide dans les biscuits au beurre d'arachide, ce qui ajoute une dose supplémentaire de calcium et un goût particulier à vos desserts.

Le basilic, le thym et l'origan. Ces fines herbes sont d'excellentes sources de calcium et s'ajoutent facilement à vos plats. Seulement 2 c. à thé (10 ml) de ces fines herbes séchées contiennent environ 5 % de votre apport quotidien en calcium. Préparez une sauce aux tomates fraîches et aux herbes pour un plat de pâtes, ajoutez des fines herbes à vos fromages maison sans produits laitiers ou préparez le Pesto végétalien au basilic (page 136) et utilisez-le sur des pâtes, sur une pizza ou en sandwich. Il n'est pas nécessaire de manger des herbes fraîches ou séchées en grande quantité; en parsemer ici et là contribuera à votre apport quotidien en calcium.

Les figues séchées. Si vous cherchez une douceur riche en calcium, quelques figues séchées feront l'affaire. Une tasse (250 ml) de figues séchées contient autant de calcium qu'une tasse (250 ml) de lait écrémé, ainsi que des fibres, du magnésium et du potassium. Hachez les figues séchées et ajoutez-les à votre gruau du matin, parsemez-les sur des salades ou des plats de riz, ou préparez une entrée spéciale comme des figues farcies au Fromage bleu de noix de cajou (page 62). Les figues, riches en nutriments, sont aussi caloriques. Ajoutez-les parcimonieusement à votre alimentation.

Les pétoncles. Ils sont riches en calcium, contenant environ 130 mg par portion de 4 oz (125 g). En plus du calcium, les pétoncles sont une bonne source de protéines, de vitamines B, de fer et de magnésium. Les pétoncles cuisent très rapidement, donc la meilleure façon de préparer ces petits mollusques est de les saisir, de les faire sauter ou de les passer sous le gril. Utilisez un peu d'huile d'olive bonne pour la santé cardiaque pour les empêcher de coller au poêlon ou au plat de cuisson et servez-les accompagnés de légumes, de riz brun ou de pâtes. Mais attention : les pétoncles ont une teneur élevée en cholestérol, et les fruits de mer figurent parmi les allergènes alimentaires les plus fréquents. Peut-être ne sont-ils pas pour vous.

Le brocoli. Ce légume fournit environ 42 mg de calcium (4 % de l'apport quotidien) par tasse (250 ml) et on peut en faire un plat d'accompagnement ou une salade simple et riche en nutriments. Blanchissez le brocoli dans de l'eau bouillante ou cuisez-le à la vapeur une ou deux minutes sans plus, jusqu'à ce qu'il prenne une couleur vert vif et soit mi-tendre mi-croquant. Servez-le tel quel ou avec une pincée de sel et de poivre, ou ajoutez-le aux plats de riz, aux pâtes et aux plats en casserole.

Dans l'élaboration d'un régime alimentaire sain, la modération et la variété sont la clé. Les nutriments réagissent entre eux et il faut éviter de trop privilégier un aliment ou un nutriment en particulier ; on inclut plutôt chaque jour des aliments de différentes sources. La vitamine C, la vitamine D et le magnésium favorisent tous l'absorption du calcium, alors que des quantités excessives de caféine, d'acide oxalique, de protéines, de sodium et de sucre entravent cette absorption. La prise de calcium avec du fer diminue les effets positifs des deux nutriments, alors qu'un apport trop important en zinc nuira à l'absorption du calcium et inversement. Pour vous assurer que votre apport en calcium et en d'autres nutriments est adéquat, pensez à varier le plus possible.

On trouve le calcium dans de nombreux aliments autres que les produits laitiers. Cette botte d'épinards, cette poignée d'amandes et ce bloc de tofu que vous cuisinez sans peut-être savoir tout ce qu'ils contiennent représentent des solutions de remplacement simples et saines. Ne faites pas attention à la surenchère médiatique et essayez de vous reprogrammer à ne pas vous sentir en manque — sur le plan nutritif ou autre — lorsqu'il s'agit de consommer des aliments sans produits laitiers.

S'ÉQUIPER POUR CUISINER SANS PRODUITS LAITIERS

La préparation et la cuisson des aliments sans produits laitiers est plus simple si vous vous munissez des bons outils. Même si vous pouvez préparer la plupart des recettes de ce livre avec un mélangeur à 50 $, de l'étamine, des cuillères en bois et quelques plats de cuisson, il vaut la peine de considérer l'achat de quelques ustensiles supplémentaires.

Un mélangeur professionnel haute puissance simplifie énormément la préparation des noix pour les fromages maison sans produits laitiers, des purées pour les soupes et des mélanges fouettés pour les smoothies. Un bon mélangeur coûtera au moins 200 $ et jusqu'à 600 $, mais si vous moulez des noix quotidiennement, c'est un bon investissement. (Si vous optez pour un mélangeur de moindre qualité, conservez la garantie, car vous devrez vous en prévaloir.) De plus, l'utilisation d'un mélangeur moins performant demande un plus grand effort de votre part. Pour moudre des noix, préparer des fromages maison ou réduire des légumes en purée, prenez la peine d'arrêter le moteur périodiquement pour racler les parois.

Une sorbetière peut paraître un luxe, mais elle servira régulièrement si vous en avez une dans votre cuisine. Un modèle peu coûteux (à partir de 40 $) vous donnera des résultats professionnels et vous évitera les va-et-vient répétés entre le mélangeur et le congélateur qu'il faut effectuer si vous décidez de vous en passer.

Les mélangeurs à main sont utiles pour réduire les soupes en purée et préparer les sauces, permettant de minimiser les dégâts et le temps de préparation, et ce, à prix très abordable. Ce n'est pas une nécessité, mais si vous préparez régulièrement des potages et préférez ne pas avoir à nettoyer le mélangeur et une casserole de plus chaque fois, vous serez ravi d'en avoir un.

Dans les magasins d'aliments naturels, vous trouverez des sacs à lait de noix qui vous permettent d'économiser sur l'étamine. On peut les réutiliser de nombreuses fois, ce qui réduit les déchets. Utilisez-les en remplacement de l'étamine pour préparer tout lait maison de ce livre.

Comme la sorbetière pour la crème glacée, la yaourtière vous simplifie la vie pour la préparation d'un yogourt maison. Les prix des modèles de bonne qualité varient de 40 $ à 80 $. Vous pouvez aussi préparer votre yogourt maison dans une mijoteuse, le Yogourt de noix de coco (page 66) par exemple, mais la yaourtière permet de maintenir les conditions idéales pour la fermentation du yogourt, ce qui donne un résultat très semblable au produit original, notamment dans le cas des substituts de lait moins épais comme le lait d'amande ou de soja.

Coup d'œil sur le calcium

Les National Institutes of Health des États-Unis recommandent aux adultes de 19 à 50 ans de consommer 1 000 mg de calcium par jour. On conseille aux enfants de 9 à 18 ans d'en consommer 1 300 mg par jour alors que les femmes de 51 à 70 ans doivent en consommer 1 200 mg par jour.

La vitamine D. Elle est essentielle à l'absorption et à l'utilisation du calcium, mais telle qu'elle se présente dans les aliments et les suppléments, elle doit d'abord être convertie par le foie et les reins avant d'être pleinement activée. Prendre du soleil — entre 5 et 30 minutes d'exposition solaire au moins deux fois par semaine pendant les heures d'ensoleillement maximal, de 10 h à 15 h, d'après les National Institutes of Health — est une façon saine d'obtenir un apport suffisant en vitamine D. Lorsque la peau est exposée au soleil, un composé chimique dans celle-ci déclenche la synthèse de la vitamine D dans l'organisme. Les huiles de foie de poisson, le saumon, les jaunes d'œufs et le jus d'orange enrichi en sont tous de bonnes sources également.

Une consommation élevée d'alcool, de caféine, de protéines, de sodium et de sucre contribue à la perte de calcium par l'urine. Consommer ces aliments avec modération est donc la meilleure façon de vous assurer d'un apport suffisant en calcium.

L'acide oxalique. C'est un composé organique que l'on trouve dans certains aliments végétaux tels que les amandes, les feuilles de betteraves, le chou frisé, la rhubarbe, le soja et les épinards, et qui peut nuire à l'absorption du calcium. D'après le Dr Balch, auteur du livre *Prescription for Nutritional Healing,* la « consommation occasionnelle » d'aliments contenant de l'acide oxalique n'est pas problématique, mais une consommation excessive peut nuire à une absorption adéquate.

Le magnésium. Ce nutriment est important pour maintenir un équilibre adéquat de calcium dans l'organisme, ce qui explique pourquoi ces suppléments sont souvent pris ensemble. Toutefois, un apport trop important peut faire concurrence au calcium.

Des exercices modérés. Ils favorisent l'absorption du calcium, mais un excès d'efforts physiques l'inhibe. On a montré que les exercices avec des poids augmentent la densité osseuse, d'après plusieurs études telles que celle publiée dans le *Journal of the American Medical Association,* mais que des exercices en quantité excessive la font diminuer. En toute chose, il faut donc faire preuve de modération!

Les ingrédients sans produits laitiers à garder sous la main

Les flocons et la poudre d'agar-agar. Ce sont des ingrédients utiles pour préparer des fromages sans produits laitiers. L'agar-agar, un substitut de la gélatine, permet de solidifier vos fromages maison sans produits laitiers. C'est également une bonne source de calcium, de fer et de fibres (l'agar-agar est en fait composé de fibres à 80 %). Pour savoir comment l'utiliser, essayez l'un des fromages de noix sans produits laitiers de ce livre (pages 58 à 62).

Les amandes. Elles sont à la base d'un de mes substituts de lait préférés, et c'est une excellente source de calcium ; gardez-en sous la main pour préparer un Lait d'amande (page 49) ou pour collationner.

Les avocats. Il s'agit d'une excellente source de bons gras. Ils ajoutent une texture crémeuse aux plats et aux desserts sans produits laitiers, comme les Piments jalapeños farcis au fromage de noix de cajou (page 96), le Macaroni au fromage à l'avocat (page 171) et le Gâteau au fromage à l'avocat (page 163). Les avocats sont l'ingrédient principal du guacamole, une collation simple — et immensément populaire — sans produits laitiers, sans gluten, sans soja et végétalienne, qu'on accompagne de crudités, telles que concombre en tranches et carottes, ou de croustilles de maïs biologiques.

Le tofu en bloc. C'est un substitut idéal dans les fromages mous tels que le Fromage ricotta de tofu (page 63), alors que le tofu soyeux est facile à fouetter pour faire une Mayonnaise au tofu (page 138), une sauce au fromage pour les Aubergines alla parmigiana revisitées (page 118) ou des desserts crémeux tels que la Tarte au chocolat et au beurre d'arachide (page 151).

Le lait de coco. Ce produit en boîte est utile dans de nombreuses recettes sans produits laitiers. Conservez plusieurs boîtes au réfrigérateur pour préparer la Crème sure de noix de coco (page 57), la Crème fouettée au lait de coco (page 168), des potages comme la Crème de champignons (page 109) et des desserts onctueux comme la Crème brûlée à la noix de coco (page 152). Le fait de réfrigérer le lait de coco permet de séparer plus facilement le lait de la crème et d'utiliser celle-ci dans les recettes.

Les noix de cajou. Ce sont mes noix préférées pour préparer les fromages maison tels que le Fromage de noix de cajou (page 58), et les sauces et crèmes à base de noix. Elles se mélangent facilement sans trempage, mais lorsqu'on les fait tremper, on obtient une texture encore plus crémeuse.

L'huile de coco. Elle coûte cher, mais dès que vous commencerez à vous en servir, vous ne pourrez plus vous en passer. Tartinez-la sur du pain grillé pour remplacer le beurre ou la margarine, ou utilisez-la pour préparer de la Margarine (page 68). L'huile de coco peut être utilisée exactement comme le beurre, quoiqu'elle devienne très dure lorsqu'elle est refroidie — beaucoup plus dure que le beurre ou la margarine. Alors, si vous l'utilisez à la place du beurre dans une croûte à tarte (comme dans la Tarte aux épinards et au brocoli (page 130), ne réfrigérez pas la pâte au-delà du temps recommandé ; sinon vous devrez attendre longtemps avant de pouvoir l'abaisser. De la même façon, si une recette suggère une huile de coco à la température ambiante ou fondue, ou d'autres ingrédients à la température ambiante, suivez ces instructions.

L'huile d'olive extra vierge. Voilà une matière grasse extra saine pour les produits de boulangerie, les pâtisseries et les sautés. Comme l'huile de coco, une huile d'olive extra vierge de bonne qualité n'est pas donnée, mais vous en avez pour votre argent. Ne lésinez jamais sur les huiles. Les huiles raffinées bon marché ne sont pas bonnes pour vous, comparativement aux huiles non raffinées qui regorgent de vitamines, d'antioxydants et d'acides gras essentiels.

La margarine de soja non hydrogénée. Elle fait un substitut du commerce rapide et simple pour le beurre et convient très bien à la préparation des pains et desserts. Lisez bien l'étiquette pour vous assurer que votre produit est biologique et sans OGM et ne contient aucun gras hydrogéné ou trans.

La levure alimentaire. Depuis des décennies, cet ingrédient permet de pallier ce petit quelque chose qui manque aux fromages végétaliens. Son goût naturellement fromagé, ses vitamines B, ses protéines et son absence de gras en font un champion toutes catégories. Par ailleurs, une petite quantité suffit pour donner du goût. On trouve la levure alimentaire dans les rayons d'aliments en vrac des magasins d'aliments naturels et dans certains supermarchés. Surtout, il ne faut pas la confondre avec la levure de bière.

La noix de coco entière. Elle peut vous sembler intimidante à première vue, mais dès que vous en aurez cassé quelques-unes, vous craquerez. Bien que le lait de coco en conserve soit utile pour de nombreux usages, surtout comme substitut à la crème sure et à la crème fouettée, le produit fait maison est incomparable. Essayez le Lait de noix de coco crue (page 50) pour une boisson rafraîchissante, ou le Meilleur lait de noix de coco (page 52) pour un lait crémeux au goût exceptionnel.

Quelle est la différence entre « non laitier » et « sans produits laitiers » ?

Il importe de lire les étiquettes quand on adopte un régime sans produits laitiers, surtout parce que les désignations « sans produits laitiers » et « non laitier » peuvent être trompeuses. Aux États-Unis, il n'y a actuellement aucune réglementation de la Food and Drug Administration (FDA) concernant les aliments « sans produits laitiers ». Ils sont normalement sans produits laitiers, mais il faut quand même lire les étiquettes pour s'en assurer.

La FDA a certes encadré la désignation « non laitier », mais davantage dans le but de protéger l'industrie laitière que pour favoriser les régimes sans produits laitiers. D'après le Programme de recherche et de ressources en allergies alimentaires de l'Université du Nebraska, le terme *non laitier* est une « conséquence de longue date des efforts du puissant lobby laitier à s'assurer que les produits qui remplacent le lait et la crème ne soient pas qualifiés de produits laitiers ». (Ce même lobby prétend d'ailleurs que le mot lait sur le lait de soja et les autres substituts de lait est un étiquetage mensonger.) Légalement, les denrées portant la désignation « non laitier » ne peuvent être des produits de lait entier ni contenir des produits de lait entier comme le lait, mais elles peuvent contenir des dérivés comme les caséinates. Étant donné que le lait est un allergène alimentaire, le produit indiquera qu'il contient des dérivés du lait sur l'étiquette ; c'est pourquoi il est essentiel de lire les étiquettes — au lieu de se fier à la désignation « non laitier ».

Chapitre 3

L'AMANDE : LA VEDETTE DES SUBSTITUTS

D'ABORD, IL Y A EU LE SOJA : le lait de soja, le yogourt de soja et la crème glacée de soja. Ensuite, comme nous le verrons dans le chapitre suivant, le soja est devenu objet de controverse et les consommateurs ont commencé à être plus prudents. Le lait de riz, même s'il offrait beaucoup de bienfaits pour la santé, n'était pas assez épais. Le lait de coco était trop épais ou avait un goût trop prononcé pour certaines recettes. Le lait d'amande, avec son goût velouté, sa couleur blanc pur et sa consistance laiteuse, était parfait.

C'est ainsi que les produits à base de lait d'amande ont connu un essor considérable dans la dernière décennie. Le lait d'amande, le yogourt d'amande, la crème glacée au lait d'amande, le pouding au lait d'amande... les produits au lait d'amande ont envahi les tablettes et frigos dans les épiceries. Comme nous le verrons, l'amande est l'ingrédient de base d'une multitude de régals sans produits laitiers. De surcroît, elle est possiblement l'un des aliments les plus sains au monde.

Substituer les amandes aux produits laitiers, c'est faire un pas vers une meilleure santé. Alors que bien des propriétés des produits laitiers sont liées à la maladie et à une mauvaise santé, il a été démontré que les amandes préviennent ces mêmes maladies, voire les atténuent dans certains cas. Composées de fibres, de bons gras, de protéines et de divers phytochimiques et nutriments, les amandes sont de véritables concentrés nutritifs avec un immense potentiel de saveur.

De bons gras et beaucoup de bienfaits

Une objection courante — mais non fondée — à la consommation de noix, c'est qu'elles contiennent beaucoup de gras. Il est vrai que les amandes ont une teneur élevée en gras, mais il s'agit d'une bonne sorte de gras : les mono-insaturés. Il a été démontré que les gras comme ceux que l'on trouve dans les produits laitiers augmentent l'incidence de maladies coronariennes et entraînent une prise de poids, alors que le gras des amandes favorise l'effet contraire. Des études systématiques montrent que la teneur en gras mono-insaturés des amandes permet de diminuer le taux de (mauvais) cholestérol LDL et de réduire le risque de maladie coronarienne. Les gras des produits laitiers, par contre, augmentent le taux de cholestérol LDL, comme l'a démontré un article de 2010 qui a recensé plus de 70 études portant sur les produits laitiers et les taux plasmatiques de cholestérol.

Un article publié en 2006 dans le *Journal of Nutrition* cite plusieurs études épidémiologiques d'envergure qui ont conclu que les noix, y compris les amandes, ont un effet protecteur contre les maladies coronariennes. Une autre étude publiée dans l'*International Journal of Obesity* a évalué le rôle que les amandes pourraient jouer dans la perte de poids. Elle a conclu qu'un régime faible en calories et enrichi d'amandes « joue potentiellement un rôle dans la diminution de l'obésité et de ses conséquences en santé publique ».

Dans cette étude, les participants qui suivaient un régime faible en calories enrichi d'amandes ont perdu davantage de poids, et de façon plus soutenue, que le groupe témoin qui suivait un régime faible en calories enrichi de glucides complexes.

Les amandes sont peut-être grasses, mais dans le cadre d'un régime par ailleurs sain, elles protègent le cœur. Elles pourraient également prévenir — plutôt qu'entraîner — une prise de poids. En revanche, des études ont établi un lien entre l'obésité et la consommation de lait. Une étude récente de la Harvard Medical School a examiné plus de 12 000 enfants et a constaté que ceux qui consommaient plus de trois portions de lait par jour étaient 35 % plus à risque de devenir obèses.

Les amandes pourraient également être bénéfiques aux personnes à risque de développer le diabète, en partie grâce à leurs bons gras. Une étude publiée dans le *Journal of the American College of Nutrition* a conclu qu'un régime constitué de 20 % d'amandes sur une période de seize semaines améliorait la sensibilité à l'insuline chez les sujets. L'étude portait sur deux groupes d'adultes prédiabétiques. Le premier suivait un régime faible en glucides qui excluait toute noix, l'autre, un régime constitué de 20 % d'amandes (environ 2 oz / 60 g par jour). Les auteurs ont conclu que l'amande diminuait la résistance à l'insuline, grâce à la combinaison de bons gras et d'une teneur élevée en fibres. Une autre étude publiée dans *Metabolism* est allée encore plus loin en démontrant que la consommation d'amandes combinée à des aliments contenant des glucides simples (du pain blanc dans ce cas-ci) entraîne une réduction de l'impact glycémique des glucides. Plus les sujets mangeaient d'amandes avec des glucides simples, moins leur taux de glycémie avait tendance à grimper.

Plusieurs études indiquent que les amandes pourraient réduire le risque de cancer, grâce à l'une de leurs propriétés nutritionnelles ou à toutes celles-ci combinées. Une étude publiée dans *Cancer Letters* en 2001 a constaté que les amandes réduisent le risque de cancer du côlon chez les rats, en raison d'un des lipides (gras) qu'elles contiennent. Les amandes contiennent également environ 3 g de fibres par once (30 g), ce qui favorise le processus de digestion et réduit par le fait même les risques de développer un certain nombre de maladies, dont le cancer. Un article publié dans le *Journal of the American Dietetic Association* a passé en revue 40 études épidémiologiques qui démontraient clairement le lien entre une augmentation de l'apport en fibres alimentaires et une diminution de l'incidence du cancer. Bref, pour consommer des fibres, servez-vous une poignée d'amandes.

Les amandes ont également une teneur élevée en vitamine E. Associée à la prévention du cancer et des maladies cardiovasculaires, cette vitamine favorise une peau et une chevelure saines et aide à prévenir la détérioration des cellules. Les amandes et l'huile d'amande soulagent les problèmes de peau comme l'acné, alors que la consommation de produits laitiers, qui sont presque entièrement dépourvus de vitamine E, les favorise. Mais même si vous prenez des suppléments vitaminés comme

de la vitamine E, des études montrent qu'une alimentation variée, à base d'aliments sains, nutritifs et équilibrés, pourrait être un meilleur choix. En fait, prendre des suppléments nutritifs crée un déséquilibre et peut faire plus de tort que de bien. Une étude publiée en 2011 dans le *Journal of the National Cancer Institute* portant sur le rôle de la vitamine E dans la prévention du cancer a conclu que celle-ci joue un rôle dans la prévention du cancer du foie, qu'elle soit prise sous forme d'aliment ou de supplément. Toutefois, une autre étude (appelée l'étude *SELECT*), publiée la même année, a constaté que la vitamine E prise à doses élevées comme celles contenues dans les suppléments augmentait le risque de cancer de la prostate. D'après le diététiste Joseph Gonzales, du Comité de médecins pour une médecine responsable, ceci n'était pas nécessairement dû à la vitamine E comme telle, mais plutôt à la manière dont les personnes la prenaient. « Lorsqu'elle provient d'aliments naturels sains, la vitamine E agit de concert avec la vitamine C pour combler les radicaux libres et protéger l'ADN. Si vous retirez un nutriment pour le synthétiser chimiquement, cela n'agit pas de la même façon. » Même si la vitamine E est un nutriment essentiel facile à prendre en supplément, il pourrait être plus bénéfique de l'obtenir en consommant des aliments sains tels que les amandes.

Comme on l'a vu dans le chapitre précédent, les amandes regorgent d'autres nutriments bons pour la santé tels que le calcium, le magnésium et le phosphore, qui sont tout aussi essentiels à une alimentation saine qu'à une alimentation sans produits laitiers. Le magnésium aide l'organisme à assimiler le calcium essentiel à plusieurs fonctions organiques. Les amandes contiennent près de 100 mg de magnésium par quart de tasse (60 ml), alors que le lait entier n'en contient que 24 mg par tasse (250 ml). Une étude publiée dans *Osteoporosis International* établit le lien entre une carence en magnésium et un risque de maladie coronarienne.

Le phosphore est un autre acteur-clé qui favorise la santé des os et joue un rôle dans l'utilisation des vitamines et la conversion énergétique. Le Dr Balch, auteur du best-seller *Prescription for Nutritional Healing*, affirme qu'un « apport équilibré en magnésium, en calcium et en phosphore doit être maintenu en tout temps. Si l'un de ces minéraux est présent en quantité excessive ou insuffisante, cela aura des effets nuisibles sur l'organisme ». La meilleure façon de vous assurer que votre apport en nutriments est équilibré, c'est de maintenir une alimentation équilibrée axée sur des aliments sains.

Les allergies aux noix

Comme les produits laitiers, les noix figurent parmi les allergènes alimentaires les plus fréquents. D'après le Food Allergy and Anaphylaxis Network, on estime à 1,8 million le nombre de personnes allergiques aux noix, dont les amandes, aux États-Unis. Ces allergies, comme celle aux arachides, ont tendance à durer toute une vie et peuvent causer des réactions sévères, y compris des chocs anaphylactiques. Bon nombre de personnes allergiques à une variété de noix évitent de consommer les autres aussi, en raison d'un risque de contamination croisée entre les variétés. Pour ceux qui sont allergiques aux produits laitiers et aux amandes ou autres noix, la noix de coco (qui n'est pas une noix, mais le fruit d'un palmier), le riz et le soja sont de bonnes solutions de rechange.

S'il y a une chose que l'on peut retenir des études et recherches citées dans ce livre, c'est qu'Hippocrate avait bien raison lorsqu'il disait : « Que ta nourriture soit ta médecine, et ta médecine ta nourriture. » En consommant des aliments sains non transformés qui sont bons pour la santé, on peut prévenir les maladies et s'assurer d'une bonne santé globale. On fait fausse route en isolant certains aliments et minéraux pour les consommer à l'excès. Et ceci vaut aussi pour les substituts alimentaires plus sains : il faut toujours garder à l'esprit que même ces aliments doivent faire partie d'un régime alimentaire modéré.

Chapitre 4

TOUTE LA VÉRITÉ
SUR LE SOJA

SI VOUS ÊTES DÉCONCERTÉ par les innombrables articles et études portant sur le soja, c'est sans doute parce que les scientifiques et les nutritionnistes eux-mêmes ne s'entendent pas. L'un prétend que le soja est l'aliment le plus sain sur terre ; l'autre, que le soja et l'industrie du soja sont le mal incarné. L'un assure que le soja prévient le cancer, un autre affirme le contraire. Devant ces contradictions, il est difficile pour les consommateurs de faire les bons choix. Ce chapitre explore les deux côtés de la médaille en se référant aux recherches et aux opinions d'experts, dont bon nombre semblent être arrivés à la même conclusion : la modération est la clé.

Ce que disent les recherches

Quels qu'ils soient, les arguments sont convaincants, mais contradictoires. La recherche qui affirme que le soja est un aliment sain prétend que celui-ci réduit le cholestérol, prévient le cancer, augmente le taux de survie chez les patientes atteintes du cancer du sein, favorise la santé du cœur, protège contre l'ostéoporose postménopausique, améliore la santé vaginale chez les femmes ménopausées et constitue une source de protéines facile à digérer et remplie de nutriments. Les détracteurs prétendent que le soja favorise la croissance du cancer du sein, entraîne l'hypothyroïdisme et le cancer, cause possiblement des troubles du pancréas, entrave l'absorption du fer, perturbe les cycles menstruels chez les femmes en préménopause et réduit possiblement la pousse des cheveux.

De nombreux nutritionnistes, médecins et auteurs ont fini par faire preuve d'une indifférence prudente à l'égard du soja, en raison de ces prétentions hautement conflictuelles. Bien que cet aliment puisse présenter des effets secondaires à la fois positifs et négatifs, ils refusent de trancher la question à savoir si c'est un remède ou un poison. D'après certains, il n'est ni l'un ni l'autre.

Kathleen DesMaisons, Ph. D., a effectué des recherches exhaustives sur le sujet, y compris une recension de près de 500 résumés et articles sur la controverse entourant le soja. Elle conclut qu'il y a de bons et de mauvais côtés à la consommation de soja. De son côté, Jonny Bowden, Ph. D., auteur du livre *The 150 Healthiest Foods on Earth*, affirme qu'il n'est pas un « grand amateur de soja », surtout à cause de la mauvaise qualité des produits du soja que l'on consomme régulièrement aux États-Unis. Ce n'est pas le soja en soi qui l'indispose, mais les fromages de soja surtransformés, les additifs de soja dans les aliments transformés et les margarines de soja hydrogénées. De même, Marion Nestle, auteure du livre primé *What to Eat*, écrit : « Les niveaux d'effets bénéfiques et d'effets nocifs du soja sur la santé doivent être trop faibles pour faire une différence. Actuellement, il n'est pas possible de prouver que le soja offre quelque bienfait particulier sur la santé, mis à part des effets mineurs pour réduire le cholestérol. Il n'est pas possible non plus de prouver que le soja est parfaitement sûr. » Alors, que disent les études au juste ?

LE SOJA, LE CANCER DU SEIN ET LA REPRODUCTION

La controverse la plus importante entourant le soja concerne le cancer, plus particulièrement le cancer du sein. Les arguments des deux côtés s'appuient sur la présence de composés organiques appelés isoflavones, que l'on trouve dans les produits du soja. Les isoflavones du soja, appelées phytœstrogènes, sont des composés œstrogéniques qui imitent le comportement de l'hormone œstrogène dans l'organisme. Les femmes avec des taux élevés d'œstrogène ou des cycles reproductifs plus longs (une ménarche précoce et une ménopause tardive) seraient plus à risque de développer le cancer du sein. Certains croient que ces phytœstrogènes qui se comportent comme des œstrogènes dans l'organisme pourraient être cancérigènes, surtout chez les femmes ayant d'autres facteurs de risque.

Toutefois, une multitude de recherches vont à l'encontre de cette hypothèse. Un article publié en 2012 dans le *New York Times* cite une étude montrant que les phytœstrogènes comme ceux présents dans le soja stimulent la croissance de cellules cancéreuses en laboratoire. Or chez les humains, comme le mentionne un article publié dans le *Journal of the American Medical Association* en 2009, c'est le contraire qui se produit. D'après cette étude, « parmi les femmes atteintes du cancer du sein, la consommation de soja a été associée de façon significative à une diminution du risque de décès et de récidive ». Autrement dit, les femmes atteintes du cancer du sein qui consomment du soja ont moins de risques de mourir d'un cancer du sein ou de développer un cancer de nouveau. Une autre étude publiée dans le *British Journal of Cancer* (2008) recense les résultats de huit études qui démontrent que l'apport en soja pourrait avoir des effets protecteurs contre le cancer du sein. L'article conclut que les données de ces études « montrent une association statistiquement significative, selon la dose, entre l'apport en soja et la diminution du risque de cancer du sein ». D'après les données, la réduction du risque était de 16 % pour un apport de 10 mg d'isoflavones du soja par jour.

D'après les études, donc, le soja non seulement a la capacité d'aider les femmes atteintes du cancer du sein à survivre à leur maladie, mais agit également de façon préventive. L'hypothèse selon laquelle les phytœstrogènes pourraient favoriser le cancer du sein n'a pas été confirmée par les études.

Dans l'étude *The China Study*, effectuée par le Dr Campbell, des rats ayant reçu des doses élevées de cancérigènes combinées à un régime composé à 20 % de protéines dérivées de la caséine ont développé des cellules cancéreuses précoces. Mais ceux recevant une alimentation composée à 20 % de protéines dérivées du soja n'ont pas développé ces cellules, même s'ils ont reçu les mêmes doses élevées de cancérigènes. Autrement dit, ce sont les produits laitiers qui ont favorisé la croissance du cancer chez ces rats et non le soja.

Une autre hypothèse avance que le soja pourrait « féminiser » les hommes ou diminuer la fertilité. Or les études n'appuient pas cette théorie. Le Dr Neal Barnard, président du Comité de médecins pour une médecine responsable, affirme dans un article du *Huffington Post* en 2012 que « les résultats d'études chez les humains montrent clairement qu'il n'y a aucun effet négatif sur la fonction hormonale mâle, le niveau de testostérone ou le nombre de spermatozoïdes ». Bref, il n'y a aucune preuve concluante que le soja diminue la fertilité chez les hommes.

LE SOJA ET LA SANTÉ DU CŒUR

Les résultats concernant les effets du soja sur la santé du cœur sont positifs, ou du moins neutres (dans une moindre mesure). Dans son article « Sorting out the Soy Story », Kathleen DesMaisons, l'une des auteurs qui font preuve d'une « indifférence prudente » par rapport au soja, cite deux études qui concluent que le soja réduit le cholestérol et favorise la santé du cœur : « il détend les artères coronariennes, atténue l'inflammation et réduit les lipides sanguins, l'homocystéine et la tension artérielle ». Le *New England Journal of Medicine* a publié l'une de ces études en 1995. Dans l'article, près de 40 études étaient recensées, la plupart indiquant que la consommation de protéines de soja en remplacement des protéines animales réduisait le cholestérol total, le (mauvais) cholestérol LDL et les triglycérides. Quant au Dr Walter C. Willett, auteur du livre *Eat, Drink, and Be Healthy: The Harvard Medical School Guide to Healthy Eating*, il prétend que ces résultats ne constituent pas des « preuves exceptionnelles » venant appuyer la thèse selon laquelle le soja favorise la santé du cœur. Willett affirme que, pour « atteindre le niveau de consommation recommandé par la FDA — qui est la moitié de celle décrite dans le rapport du *New England Journal of Medicine* —, il faudrait boire quatre verres de 8 oz de lait de soja par jour… ou manger près d'une livre de tofu ».

C'est donc dire que toutes ces discussions ne permettent pas de dissiper la confusion chez les consommateurs. Le soja favorise-t-il la santé du cœur ? Oui, d'après les études. Est-il nuisible à la santé du cœur ? Non, d'après les études. En fait, c'est possible qu'il ne soit ni bon ni mauvais, du moins pour ceux qui le consomment avec modération.

En lisant la documentation sur le soja, j'ai constaté que bon nombre d'études examinaient les conséquences du remplacement des protéines malsaines — en l'occurrence les protéines animales — par du soja. Quoiqu'il favorise modérément la santé du cœur (du moins, il n'est pas *nuisible*, faut-il le répéter), le soja serait bénéfique dans le cadre d'une alimentation par ailleurs saine. Alors que de nombreuses études indiquent que les protéines animales augmentent le risque de cardiopathies et d'autres maladies, les études portant sur le soja associé à une alimentation végétale indiquent une réduction des risques.

Le soja et les allergies

Tout comme le lait, le soja est un allergène alimentaire parmi les plus fréquents, ce qui signifie que l'incidence des allergies au soja est élevée. Le soja contient 15 protéines qui peuvent être à l'origine d'une réaction allergique. Les allergies au soja sont plus fréquentes chez les enfants, mais des études démontrent que la plupart d'entre eux — 60 pour cent — vont perdre cette allergie avant l'âge de dix ans. L'essentiel pour l'enfant ou l'adulte qui suit un régime sans produits laitiers et sans soja est de recourir à d'autres substituts de produits laitiers, comme ceux à base d'amande, de noix de coco, de chanvre et de riz. Et surtout, il est impératif d'éviter les aliments transformés, parce que ceux-ci contiennent des ingrédients dérivés du soja et du lait. Comme pour les allergies aux produits laitiers, le meilleur moyen d'éviter les allergènes indésirables dans son alimentation est de suivre un régime axé principalement sur des aliments sains de source végétale.

Le soja et les cultures d'OGM

« Organismes génétiquement modifiés » (ou OGM) : voilà le mot sur toutes les lèvres du mouvement anti-soja. Un aliment génétiquement modifié est un aliment qui a subi des changements à son ADN. À juste titre, ce sont ces aliments qui doivent être au centre du débat, surtout parce qu'ils sont en cause dans de sérieuses pathologies et dans la déforestation (les terres utilisées pour la culture des OGM sont une des causes de la disparition de la forêt amazonienne ; ces OGM servent la plupart du temps à nourrir le bétail). Le « riz doré », par exemple, est modifié pour fournir des nutriments supplémentaires aux cultures vivrières de base dans les pays en voie de développement. Les aliments génétiquement modifiés plus conventionnels sont modifiés pour résister aux pesticides, herbicides et virus, ou pour mûrir tardivement.

Ces produits peuvent comporter des risques pour les consommateurs. D'après un article publié en 2009 dans *Critical Reviews in Food Science and Nutrition*, « la plupart des études sur les aliments génétiquement modifiés indiquent qu'ils pourraient avoir des effets toxiques communs sur le plan hépatique, pancréatique, rénal ou reproductif et altérer les paramètres hématologiques, biochimiques et immunologiques ». Vu leur résistance aux pesticides, les cultures d'OGM pourraient contenir des quantités dangereuses de ces substances, qui seraient ingérées par les animaux ou les humains.

Le lien avec le soja ? Ce dernier arrive tout de suite après le maïs pour ce qui est du pourcentage de cultures génétiquement modifiées. D'après l'USDA, 93 % des cultures de soja aux États-Unis étaient génétiquement modifiées en 2012. D'après un rapport publié par l'International Service for the Acquisition of Agri-Biotech Applications dans la même année, 81 % des cultures de soja dans le monde étaient génétiquement modifiées. Et un article paru dans *Mother Jones* cette même année précise qu'au moins 70 % des aliments transformés aux États-Unis contiennent des OGM. Pourtant, le gouvernement américain n'oblige pas les fabricants à indiquer la présence d'OGM sur leurs produits, ce qui signifie que tout aliment transformé dans votre garde-manger pourrait contenir des OGM et possiblement du soja génétiquement modifié.

Le plus déconcertant, c'est que les effets des OGM sur la santé ne sont pratiquement pas explorés, du moins sur le plan scientifique. Dans une recension d'études publiée dans l'*International Journal of Biological Sciences*, plusieurs scientifiques ont conclu qu'il faudrait faire des tests plus complets et plus précis. Selon eux, les études effectuées par les sociétés productrices d'OGM sont mal conçues et non concluantes.

On veut nous faire croire que les produits contenant des OGM sont inoffensifs, alors que des articles soutiennent que les ingrédients génétiquement modifiés pourraient être dangereux pour la santé, causer des réactions allergiques ou nuire à l'environnement. Bien des défenseurs de la santé et de l'environnement évitent les OGM jusqu'à ce qu'une véritable enquête soit menée et qu'une plus grande transparence soit établie dans l'industrie.

Alors que faut-il faire ? La première étape, c'est d'éviter les aliments transformés, qui pourraient contenir d'innombrables OGM, dont le soja. Et si vous optez pour des produits du soja tels que les laits, les fèves et le tofu, recherchez ceux étiquetés « biologiques » et « sans OGM ». Enfin, un autre point à considérer : dans un article publié en 2012 dans le *Huffington Post*, le Dr Neil Barnard affirme que « les produits de soja génétiquement modifiés sont donnés en pâture au bétail et à d'autres animaux quotidiennement ; c'est donc les consommateurs de viande qui devraient s'en préoccuper ».

Si, après avoir considéré tous ces arguments, vous n'êtes pas franchement pour ou contre le soja, c'est sûrement parce que bon nombre d'études ne tranchent pas la question. Comme beaucoup d'ardents défenseurs d'une vie saine, je privilégie la modération en toute chose. Je crois que le soja biologique non génétiquement modifié est un substitut santé aux produits laitiers, et qu'il est bénéfique s'il est utilisé avec modération, surtout pour remplacer un aliment comme un produit laitier ou une viande rouge. L'équilibre et la variété sont importants, et le soja ne doit pas être surconsommé, pas plus que n'importe quel aliment. Une façon simple de contrôler votre consommation de soja est de prendre conscience de ce qui se trouve dans votre nourriture et d'éviter les aliments transformés. Le soja, comme les produits laitiers, est devenu un ingrédient peu coûteux qui se retrouve dans quantité d'aliments.

Si vous vous méfiez du soja, sachez que celui-ci n'est pas un aliment essentiel et qu'il existe beaucoup d'autres sources de protéines bonnes pour la santé du cœur et d'autres substituts aux produits laitiers qui ne soulèvent pas la controverse. Pour ma part, je crois que les pour l'emportent sur les contre. Vous trouverez donc dans ce livre des recettes qui font appel aux produits du soja. Au besoin, remplacez le lait de soja par tout autre lait sans produits laitiers présenté dans ce livre, utilisez de la margarine ou de l'huile de coco sans soja et laissez tomber le tofu.

||||||||||||||||||||||||||||||||||||||||||||||||||||||||||||||||||||||||||||||||||||||||||||||||||||||||||||||||||||||||||||||||||||||||||

Les produits de soja et leur utilisation

Les edamames. Ces fèves de soja vertes ont un riche goût de beurre et sont souvent servies comme hors-d'œuvre dans la cuisine japonaise. On peut les faire bouillir, les cuire à la vapeur ou les rôtir, puis les saler et les servir en accompagnement. On peut aussi en faire une trempette de style hummos, ou les ajouter à une salade ou à du riz.

Le miso. Il s'agit d'une pâte de soja fermenté, un ingrédient traditionnel de la cuisine japonaise. Les Américains connaissent mieux la soupe de miso, mais j'aime utiliser le miso dans mes fromages pour leur donner ce petit goût fermenté caractéristique, comme dans les fromages d'amande (page 60), de noix du Brésil (page 59) et de noix de cajou (page 58).

Le lait de soja. C'est l'ingrédient de base du tofu. Utilisez le lait de soja bio non génétiquement modifié pour remplacer le lait ordinaire dans toute recette : crème glacée, poudings, sauces, laits fouettés, soupes, etc. Si vous préparez votre propre tofu, vous aurez besoin de lait de soja, lequel est fait de fèves de soja et d'eau. Pour préparer du Lait de soja (page 54), achetez des fèves non génétiquement modifiées. De nombreux laits de soja sont enrichis de calcium, de vitamine D et d'autres nutriments.

Le tempeh. C'est un produit fermenté à base de fèves de soja entières qu'on trouve en paquets scellés sous vide. Il a un goût et une texture de noix. Il n'est pas couramment utilisé pour remplacer les produits laitiers, mais les végétariens l'utilisent souvent pour remplacer la viande. Le tempeh peut être frit ou cuit au four, ou émietté dans un chili.

Le tofu en bloc (ou tofu chinois). Il est fait de lait de soja et d'un agent coagulant tel que le gypse (ou sulfate de calcium) ou un sel minéral. Il est classé selon sa fermeté : moyen, moyen-ferme, ferme et extraferme. La plupart des recettes de ce livre utilisent le tofu ferme ou extraferme parce qu'il résiste mieux à la manipulation et peut être émietté pour faire un caillé qui ressemble au fromage (voir le Fromage ricotta de tofu, page 63). On le trouve réfrigéré dans les supermarchés, les magasins d'aliments naturels et les marchés asiatiques.

Le tofu fermenté. Ces petits cubes de tofu fermentés dans une saumure de vin de riz sont offerts surtout dans les marchés asiatiques et en ligne. Comme la plupart des produits fermentés, le tofu fermenté a un goût et un arôme intenses ; il convient bien aux recettes comme le Fromage bleu de noix de cajou (page 62). Certains tofus fermentés sont saumurés dans du sucre, d'autres dans des flocons de piment rouge ou une sauce au piment épicée. Mais pour les substituts de fromage, je préfère le tofu fermenté blanc.

Le tofu soyeux. Tout comme le tofu chinois, il est fait de lait de soja et d'un agent coagulant, sauf qu'il ne présente pas un aspect caillé. Ce n'est pas un bon substitut au fromage ricotta, mais il est idéal pour les sauces au fromage sans produits laitiers et végétaliennes, ainsi que pour les crèmes, poudings et garnitures de tarte. On le trouve dans les supermarchés, les magasins d'aliments naturels et les marchés asiatiques. Contrairement au tofu en bloc, le tofu soyeux n'a pas besoin d'être réfrigéré ; on peut le conserver à la température ambiante, dans un endroit frais et sec.

Chapitre 5

LA NOIX DE COCO : MYTHES ET RÉALITÉ

LA NOIX DE COCO est de loin l'un des meilleurs substituts aux produits laitiers. Le lait de coco est riche et crémeux et convient parfaitement aux potages, sauces, smoothies et desserts sans produits laitiers. Comme c'est le cas avec la crème, une petite quantité suffit. Les boissons au lait de coco peuvent être utilisées dans les céréales du matin. Elles sont plus faibles en gras, mais contiennent habituellement des édulcorants et des additifs. Lorsqu'il est mentionné « lait de coco » dans ce chapitre ou dans les recettes, il s'agit du lait de coco en conserve ou maison et non de ces boissons. L'eau de coco est appréciée pour son apport naturel en potassium : elle est idéale pour étancher la soif après une séance d'exercices. J'utilise l'huile de coco dans presque tous les plats en remplacement du beurre ou de l'huile. (Et cette huile peut même servir comme huile de massage.) J'ajoute des morceaux de pulpe ou des flocons de noix de coco dans les biscuits, le gruau ou les croûtes à tarte, ou je les sers en collation. Le beurre de coco fait une excellente tartinade dans les sandwichs et peut être utilisé à la place du beurre dans les glaçages sans produits laitiers. Tous ces produits se trouvent facilement dans les commerces et sont peu coûteux, à l'exception de l'huile de coco et du beurre de coco. Surtout, la noix de coco est bonne pour vous.

Pourquoi la noix de coco a la vie dure

Parce qu'elle a une teneur élevée en gras saturés, la noix de coco a été longtemps démonisée. Dans notre culture nord-américaine, on se fait régulièrement répéter que ce sont les aliments faibles en gras — surtout faibles en gras saturés — qui favorisent une bonne santé. Il y a là une part de vérité, mais lorsqu'il s'agit de nutrition, la source du gras et la manière dont il est transformé par la suite peuvent faire toute la différence. Comme dans le cas des amandes, le gras de coco est dans une catégorie à part.

Un article publié dans le *New York Times* s'est penché sur les raisons pour lesquelles l'huile de coco a eu si mauvaise presse par le passé. Il cite une étude publiée en 1994 qui prétendait qu'un contenant de maïs soufflé au cinéma qu'on a fait éclater dans de l'huile de coco contient autant de gras saturés que six Big Mac. Des études comme celles-ci ont stigmatisé le modeste fruit du palmier. Cependant, selon Thomas Brenna, professeur en sciences nutritionnelles à l'Université Cornell, il s'agissait là d'une comparaison biaisée. En effet, l'huile de coco analysée dans ce type d'étude était de l'huile partiellement hydrogénée, et non pas de l'huile extra vierge qui n'a subi aucune transformation chimique et qui contient des ingrédients sains tels que des acides gras essentiels et des antioxydants.

Les gras partiellement ou totalement hydrogénés produisent des gras trans qui, d'après la Harvard School of Public Health, augmentent le taux de mauvais cholestérol (LDL) tout en diminuant le taux de bon cholestérol (HDL). Les gras trans favorisent également l'inflammation, qui est à l'œuvre dans des maladies chroniques telles que les cardiopathies, les AVC et le diabète. Les gras hydrogénés ont été introduits pour créer des produits qui se conservent mieux et pour transformer les liquides en solides et faciliter le transport. Autrement dit, ils ont été créés pour l'industrie des aliments transformés. Ce qui n'a rien à voir avec les produits de la noix de coco sous leur forme naturelle.

Riche en gras saturés et bon pour la santé ?

Les produits de la noix de coco purs non hydrogénés sont tout de même riches en gras saturés, ce qui alimente la confusion entourant les études effectuées sur des produits contenant des gras trans et des gras saturés. Toutefois, ce qui est essentiel pour bien lire les étiquettes et maintenir une bonne santé est de savoir à quel point un aliment sain a été transformé avant d'aboutir dans votre assiette.

Tous les gras saturés n'ont pas le même impact sur la santé. Ils se comportent différemment dans l'organisme parce qu'ils sont composés de divers types d'acides gras. Les gras et les huiles, saturés et non saturés, sont constitués de chaînes de petits composés d'acides gras qui se déclinent en trois tailles : courtes, moyennes et longues. Ces chaînes se reforment et donnent les triglycérides, constitués eux-mêmes de chaînes courtes, moyennes et longues. La plupart des gras que nous digérons, les bons comme les mauvais, sont des variétés à chaîne longue.

L'huile de coco est unique en son genre parce qu'elle est composée principalement d'acides gras à chaîne moyenne. Les acides gras à chaîne moyenne (AGCM) sont plus faciles à digérer que les variétés à chaîne longue, et ils sont ainsi plus faciles à convertir en énergie. D'après Bruce Fife, auteur du livre *The Coconut Miracle*, c'est l'une des raisons pour lesquelles on attribue des propriétés guérisseuses à la noix de coco et qui expliquent pourquoi on l'utilise depuis des décennies dans les solutions intraveineuses des patients à l'hôpital et dans les préparations pour nourrissons. Il cite des études qui indiquent que l'huile de coco pourrait également augmenter l'endurance chez les athlètes parce qu'elle est facilement convertible en énergie.

De plus, certains articles ont évoqué la possibilité que les acides gras à chaîne moyenne présents dans l'huile de coco favorisent la perte de poids, mais il n'y a pas encore de données suffisantes pour le prouver. Parce que les triglycérides à chaîne moyenne sont plus facilement convertis en énergie, on pense qu'ils sont moins susceptibles d'être emmagasinés sous forme de gras et d'entraîner une prise de poids. Une étude publiée en 1981 dans l'*American Journal of Clinical Nutrition* s'est penchée sur l'alimentation de deux groupes de Polynésiens. Dans cette étude, on a constaté que, même si l'apport en noix de coco était élevé dans les deux groupes (respectivement 35 et 50 % de l'apport total en calories), ces personnes ne présentaient pratiquement pas de cardiopathies ou de complications, et maintenaient un poids santé.

Au-delà de la longueur de ses triglycérides, la noix de coco contient des acides gras particuliers qui auraient la capacité de combattre diverses infections. Près de la moitié du gras de la noix de coco est composé d'acide laurique, un acide gras aux propriétés antimicrobiennes et antivirales. Mary Enig, Ph. D., biochimiste américaine réputée et spécialiste des lipides, a abondamment écrit sur l'huile de coco et en particulier sur l'acide laurique.

Dans son livre *Coconut: In Support of Good Health in the 21st Century*, elle explique que l'acide laurique est converti en monolaurate de glycérol dans l'organisme humain et sert ensuite à détruire les virus à membrane lipidique tels que le VIH. Dans une étude publiée en 2005, des chercheurs ont constaté que le monolaurate de glycérol, combiné à des huiles essentielles d'herbes, inhibe les bactéries pathogènes chez les souris et en laboratoire. D'autres études montrent que l'acide caprique, un autre acide gras présent dans l'huile de coco, est un agent antiviral et antibactérien qui pourrait aider à prévenir les infections transmises sexuellement et les maladies d'origine alimentaire. Enfin, les triglycérides à chaîne moyenne, dont l'acide laurique et l'acide caprique, ont des propriétés antivirales lorsqu'on les ajoute aux préparations pour nourrissons, comme l'a montré une étude publiée dans le *Journal of Nutritional Biochemistry* en 1995.

L'huile de coco, donc, pourrait non seulement prévenir les maladies, mais aussi jouer un rôle dans leur traitement.

Puisque les arguments contre les gras saturés sont généralement liés à la santé cardiaque, je voudrais m'attaquer à cette objection. C'est simple : d'après les résultats de recherche, l'huile de coco n'est pas une menace à la santé du cœur, comme on a voulu nous le faire croire dans les années 1990. Entre autres, une étude publiée en 2004 dans *Clinical Biochemistry* montre que l'huile de coco vierge vient en fait augmenter le bon cholestérol (HDL) tout en diminuant le mauvais cholestérol (LDL). (Alors que les produits laitiers et surtout le beurre, d'après les études et tel que mentionné précédemment, augmentent le cholestérol LDL.) En d'autres mots, l'huile de coco est bonne pour vous, même avec ses gras saturés.

Les produits de la noix de coco et leur utilisation

L'huile de coco. Elle a une saveur douce et parfumée qui relève autant les plats salés que les desserts. C'est l'huile végétale qui ressemble le plus au beurre. Lorsqu'elle est froide, elle est solide tandis qu'elle ramollit à la température ambiante et se liquéfie lorsqu'on la chauffe. Comme le beurre, elle ajoute une texture veloutée discrète, mettant en évidence les autres ingrédients au lieu de les écraser. L'huile de coco extra vierge coûte cher, c'est indéniable, mais vous en avez pour votre argent. Comme j'utilise l'huile de coco dans de nombreux plats et que j'en tartine sur mes rôties le matin, j'achète un gros contenant dans les magasins en gros (de type entrepôts) pour économiser.

Le beurre de coco. C'est une combinaison d'huile de coco et de pulpe de noix de coco. Il est épais et riche en fibres, et se tartine comme le beurre d'arachide. On ne l'utilise pas pour remplacer le beurre ou l'huile dans toutes les recettes, mais il est parfait pour faire des glaçages et des biscuits sans produits laitiers. Le beurre de coco est facile à préparer, aussi, et vous permettra d'économiser beaucoup. Vous n'avez qu'à mettre un ou deux sacs de flocons de noix de coco non sucrés dans un mélangeur haute puissance pendant environ 5 minutes, en arrêtant le moteur pour racler les parois de temps à autre, jusqu'à ce que le beurre soit épais et crémeux.

Le lait de coco. C'est un lait riche et goûteux. Je préfère donc l'utiliser dans des plats où le goût de la noix de coco est agréable, comme dans les potages veloutés, les fromages sans produits laitiers, les sauces au cari et le gruau du matin. On trouve le lait de coco dans les supermarchés et les magasins d'aliments naturels, en conserve et en cartons. (À noter que les boissons au lait de coco que l'on trouve en cartons au rayon des produits laitiers ne sont pas équivalentes au lait de coco entier et ne peuvent le remplacer dans des recettes parce qu'elles contiennent un lait de coco délayé avec des sucres et autres additifs.)

Même si le lait de coco est facile à trouver et relativement peu coûteux, il est amusant de le faire soi-même à la maison, pour un coût encore moindre. Essayez le Lait de noix de coco crue (page 50) ou le Meilleur lait de noix de coco (page 52) dans votre soupe ou dans votre chocolat chaud.

La crème de coco. Il s'agit en fait d'un lait de coco contenant moins d'eau. Lorsqu'une recette demande de la crème de coco, il suffit de réfrigérer une boîte de lait de coco entier la veille, de la perforer et d'égoutter l'eau, puis d'ouvrir la boîte et de retirer la partie blanche épaisse et crémeuse. Voilà la crème de coco à utiliser.

Chapitre 6

LE RIZ : LE CHOIX DES PERSONNES ALLERGIQUES

LES PRODUITS LAITIERS, le soja, les noix et le blé figurent sur la liste des aliments les plus allergènes au monde. Le riz, le substitut le plus hypoallergène, devient souvent l'aliment de remplacement dans les régimes spéciaux. Plus sucré et plus léger que les autres substituts de lait, le lait de riz a un goût agréable et rafraîchissant ; c'est un choix idéal pour « initier » les personnes allergiques. Il existe une large gamme d'aliments sans produits laitiers à base de riz sur le marché, lesquels sont faibles en gras et offrent de nombreux nutriments. On peut aussi faire facilement du lait de riz maison, à faible coût et sans saveurs artificielles ni additifs.

Le riz, du moins celui de grains entiers, est également bon pour la santé. Même si cette humble céréale est souvent considérée comme un poids plume sur le plan nutritif, ou alors un glucide complexe sans grand bénéfice, elle a plus à offrir qu'on pourrait le croire, malgré un peu de controverse, encore une fois.

La plupart des laits de riz du commerce utilisent le riz brun comme base, mais bon nombre de recettes de lait de riz maison utilisent le riz blanc. Or, il est aussi important de distinguer les sortes de riz que les types de gras. Et une fois que vous aurez compris ces différences, vous ne serez pas étonné de constater que faire votre lait de riz maison est encore la meilleure option.

Blanc ou brun ?

En Occident, nous connaissons surtout deux couleurs de riz : le brun et le blanc. Le fait d'utiliser l'un ou l'autre comporte des différences majeures sur les plans de la nutrition et de la cuisson. Le riz blanc est peu coûteux, il cuit rapidement et a une texture légère et une saveur douce. Mais il n'a pas grand-chose d'autre à offrir que des calories, à cause du raffinage qu'il a subi. Le riz brun a un goût de noix et une texture riche ; son temps de cuisson est plus long et sa durée de conservation plus courte, ce qui en fait une denrée plus coûteuse. Mais il est plus nutritif.

Le riz brun est essentiellement un riz non raffiné — la seule partie qui a été retirée du grain est l'écorce. Le riz blanc, aussi appelé « riz poli », est dépourvu non seulement de son écorce, mais aussi de ses couches de son et de son germe, perdant ainsi la plupart de ses nutriments essentiels et de ses fibres. Parmi ces nutriments essentiels, on trouve les vitamines B, le calcium, le magnésium et le sélénium, tous des agents favorables à la santé et nécessaires à une alimentation sans produits laitiers. Les vitamines B présentes dans le riz brun (B_1, B_3 et B_6) favorisent la circulation sanguine et aident à maintenir le système nerveux et la peau en santé. Le calcium et le magnésium sont essentiels à la santé des os et à de nombreuses fonctions de l'organisme. Enfin, le sélénium est un minéral associé à la prévention des radicaux libres et du cancer et il favorise la santé cardiaque. Les transformations que l'on fait subir au riz durant le raffinage ont des incidences sur la santé : le riz brun est bon pour la santé alors que le riz blanc est à peine mieux que la malbouffe.

En éliminant le son et le germe pendant le polissage, on retire aussi une grande partie, sinon la totalité des bienfaits nutritifs du riz, dont tous les nutriments énumérés précédemment, et on se prive d'autres propriétés protectrices. Le riz brun cuit contient environ 4 g de fibres par tasse (250 ml). Dans de nombreuses études, comme la *Nurses' Health Study*, on associe le fait de consommer davantage de fibres à la diminution de maladies, tout particulièrement les cardiopathies. Mais en plus des fibres, on trouve dans le riz brun d'autres composants favorables à la santé. Une étude effectuée par des chercheurs au Cardiovascular Research Center et au Département de physiologie de la Temple University School of Medicine avance qu'un composant dans la couche de tissu du riz qui est supprimée durant l'opération de raffinage pourrait protéger contre l'hypertension artérielle et l'athérosclérose, en bloquant naturellement la protéine endocrine qui déclenche ces deux maladies. Une autre étude, publiée dans l'*American Journal of Clinical Nutrition,* a montré que l'huile de riz contenue dans le son réduit le cholestérol, encore plus que le son de riz dégraissé. Alors lorsqu'on extrait le son de riz avec son composant lipidique (l'huile de riz), on perd les propriétés anticholestérol et protectrices du cœur qu'on trouve dans le riz brun.

Comme la plupart des aliments transformés, le riz blanc offre moins de bienfaits pour la santé que son équivalent entier. De plus, on associe le fait de manger du riz blanc à un risque accru de développer le diabète de type 2. Une étude publiée dans le *British Medical Journal* en 2012 a constaté que les personnes qui consommaient plus de riz blanc étaient 27 % plus à risque de développer le diabète. Mais les chercheurs admettent qu'il est difficile de jeter entièrement le blâme sur le riz blanc ici. Ce résultat pourrait aussi s'expliquer par un style de vie malsain auquel s'ajoute la consommation de riz blanc, lequel présente une cote élevée sur l'index glycémique. Ces résultats sont tout de même dignes de mention, car les aliments au sommet de l'index glycémique sont associés à un plus haut risque de développer le diabète de type 2. Une autre étude, effectuée par le Département de nutrition de la Harvard School of Public Health, a également avancé que le fait de remplacer le riz blanc par le riz brun pourrait réduire le risque de diabète de type 2. Cela serait lié à l'une ou l'autre des propriétés nutritives du riz brun : son apport en fibres, la présence d'huile de riz, son apport en vitamines et minéraux ou une autre propriété qu'il reste à découvrir. Bref, mieux vaut vous en tenir au riz brun. Avec son huile de riz et tous ses composants, il aide à prévenir les maladies, alors que le riz blanc y contribue.

Le riz et l'arsenic

Même les aliments sains peuvent présenter un risque pour la santé s'ils sont cultivés dans un environnement toxique. En 2012, les conclusions d'une étude publiée dans *Consumer Reports* ont connu une diffusion virale. On y affirmait que le riz et les aliments à base de riz contiennent de l'arsenic, un élément chimique naturel aux propriétés cancérigènes et létales à fortes doses. Les chercheurs ont constaté la présence de taux variables d'arsenic dans divers produits à base de riz, dont des préparations pour nourrissons et des céréales pour bébé, ainsi que dans le riz blanc — mais surtout dans le riz brun.

La situation se complique davantage parce que l'EPA n'a pas déterminé les taux acceptables de consommation d'arsenic. S'il n'y a pas de taux sûr, ne devrions-nous pas éviter tous les aliments dont on sait qu'ils contiennent de l'arsenic ? Les chercheurs recommandent plutôt une approche plus modérée : s'alimenter avec une variété de produits, utiliser différentes céréales en cuisine, laver le riz à fond avant l'utilisation et le cuire dans une proportion de six parts d'eau pour une part de riz. Les cuisiniers savent que cette quantité d'eau donne un riz pâteux. Je suggère plutôt de cuire le riz brun comme dans la recette de Lait de riz brun (page 56), en maintenant une faible ébullition, puis de le couvrir, de le retirer du feu et de le laisser reposer pendant environ 10 minutes. Si vous avez des préoccupations à ce sujet, les chercheurs recommandent également de faire tester l'eau de votre domicile pour vérifier les concentrations en arsenic, en faisant affaire avec un laboratoire certifié.

D'après *Consumer Reports*, la contamination à l'arsenic est le résultat de pratiques agricoles en cours aux États-Unis. Les Américains sont les plus grands utilisateurs d'arsenic au monde, avec une consommation s'élevant à environ 1,6 million de tonnes depuis 1910. Les insecticides à l'arséniate de plomb ont été bannis il y a des dizaines d'années, mais des quantités résiduelles demeurent dans le sol à ce jour. De plus, des ingrédients arsenicaux sont toujours permis dans les aliments pour animaux, lesquels sont transférés dans le sol par le fumier. Dans l'avenir, on espère pouvoir réduire la quantité d'arsenic toujours en utilisation et diminuer l'exposition à ce produit.

En contrepartie, l'industrie du riz protège ses intérêts. Dans sa déclaration concernant la contamination du riz à l'arsenic, la Fédération américaine du riz soutient que les Américains devraient faire confiance aux contrôles instaurés par la FDA, ajoutant que « l'arsenic est un élément présent naturellement dans l'environnement, le sol, l'air, l'eau et la nourriture », que « les humains sont exposés à des traces de cet élément dans leur nourriture depuis des milliers d'années » et que « les affirmations concernant le niveau élevé d'arsenic dans le riz américain ne sont ni nouvelles ni exactes ».

Il y a évidemment un juste milieu : c'est celui de la prudence et de la modération. Le Dr Gary Ginsberg, un toxicologue réputé, a publié un article dans le *Huffington Post* le mois suivant la publication des conclusions de *Consumer Reports*. Il y expliquait que le fait que le riz absorbe si bien l'arsenic et d'autres toxines dans le sol n'est pas nouveau et figure dans les études depuis des décennies. Même si ce dernier rapport était l'un des plus complets, il conseille aux consommateurs de mettre les choses en perspective. « La FDA a échantillonné divers produits à base de riz et a constaté une concentration de 1 à 10 g par portion dans toute une gamme de produits, que ce soit du riz brun, du riz blanc, du riz basmati, des céréales de riz ou des galettes de riz, affirme-t-il. Pour un adulte qui mange quelques portions par semaine, cette quantité est bien en deçà des normes actuelles pour l'eau potable… mais il faut considérer toutes les sources d'exposition et, tant que l'examen de la FDA ne sera pas terminé, la modération est conseillée. »

Pour ce qui est des substituts de lait, le riz est une solution hypoallergène pour ceux qui doivent éviter de nombreux allergènes alimentaires. Si on le consomme sous forme de grain entier (riz brun), c'est un aliment fonctionnel qui procure de nombreux bienfaits nutritifs. À la lumière de rapports récents concernant les concentrations élevées d'arsenic dans le riz brun, il vaut mieux consommer le riz brun dans le cadre d'un régime modéré et varié, laver le riz à fond avant de le faire cuire, ou encore utiliser des recettes comme le Lait de riz brun (page 56). Le riz brun procure d'excellents bienfaits pour la santé s'il est cultivé, récolté et préparé adéquatement ; renseignez-vous sur la provenance de votre riz brun.

Il est facile de s'attarder sur un seul aspect d'un aliment et de conclure que l'aliment lui-même est bénéfique ou nuisible, surtout lorsqu'on fait face à des informations inquiétantes comme celle du riz contaminé à l'arsenic. Aussi, il est toujours souhaitable de bien lire la liste d'ingrédients sur les produits, comme dans le cas du lait à base de riz brun, par exemple, auquel on ajoute souvent des saveurs artificielles et des édulcorants. Le lait de riz fait maison a un goût naturellement sucré et n'a pas besoin d'édulcorants ; de plus, je trouve que les variétés du commerce ont un goût de bonbon. Un aliment ne peut être meilleur que la somme de ses parties, et ceci vaut également pour l'alimentation en général. Une alimentation saine et variée à base d'aliments sains est votre meilleure protection contre les maladies et la contamination.

Chapitre 7

LE CHANVRE : UNE CULTURE ANCIENNE, UN LAIT MODERNE

LE CHÈNEVIS, la graine du chanvre, est un autre aliment fonctionnel, c'est-à-dire qu'il fournit des bienfaits spécifiques pour la santé. C'est une culture ancienne utilisée depuis des milliers d'années dans des pays comme la Chine pour ses propriétés antibiotiques, digestives et diurétiques. Les cordages, les voiles sur les navires et les toiles sont fabriqués avec du chanvre depuis des siècles. Abraham Lincoln aurait utilisé de l'huile de chanvre pour sa lampe. Plus récemment, le chanvre a été introduit en Occident comme aliment santé et comme substitut sans soja des produits laitiers. Comme pour le lait d'amande et le lait de noix de cajou, le chènevis

peut être mélangé à de l'eau puis égoutté dans une étamine pour faire du lait de chanvre maison et remplacer le lait dans d'innombrables recettes. Le beurre de chanvre se vend dans les magasins d'aliments naturels et certains supermarchés, et fait une excellente tartinade sur les rôties, en remplacement du beurre d'arachide.

Bien que le chanvre soit dérivé de la plante *Cannabis sativa*, il n'a pas d'effet euphorique. Toutefois, parce qu'il fait partie de la plante, il n'est pas légal de cultiver le chanvre aux États-Unis. Celui qu'on trouve aux États-Unis vient donc d'ailleurs. Cela en fait un produit plus cher, mais c'est son seul point négatif. La réglementation actuelle aux États-Unis a fait obstacle à la recherche sur le chanvre, mais les informations obtenues jusqu'à maintenant sont dans une très large mesure positives et indiquent que le chanvre est un superaliment que nous commençons à peine à comprendre en Occident.

Les bienfaits du chanvre

Comme il a été dit précédemment, le gras — et plus particulièrement le gras alimentaire — a une importance considérable en matière de santé. La plupart des précieux nutriments qu'on obtient des amandes, de la noix de coco et même du riz brun proviennent des gras naturels sains de ces aliments. Le chanvre ne fait pas exception et offre des bienfaits sur le plan nutritif. Entre autres, dans l'huile de chanvre, on trouve un équilibre presque parfait d'acides gras oméga-6 et oméga-3. D'après Jonny Bowden, Ph. D., auteur du livre *The 150 Healthiest Foods on Earth*, et d'après nombre d'autres auteurs écrivant sur les gras et la santé, le chanvre possède le meilleur rapport entre ces acides gras essentiels parmi toutes les huiles. Cet équilibre est important pour le fonctionnement de l'organisme. Le régime alimentaire américain présente une surabondance d'oméga-6 (mais raffinés et de mauvaise qualité) et une quantité insuffisante d'oméga-3. Or, un déséquilibre dans un sens ou dans l'autre est mauvais pour la santé (une surabondance d'oméga-3 peut également être problématique), ce qui explique pourquoi l'équilibre des deux dans le chanvre est si bénéfique. On associe les acides gras oméga-6 à des cœurs en santé, comme en témoigne le rapport de recherche de l'American Heart Association. Cette association a constaté qu'un apport énergétique composé de 5 à 10 % d'acides gras oméga-6 diminue le risque de maladies coronariennes.

Autrement dit, les acides gras dans le chanvre pourraient prévenir certaines des maladies reliées à la consommation de gras laitiers.

Les acides gras oméga-3 sont également essentiels à de nombreuses fonctions dans l'organisme en ce qui concerne le cœur, le cerveau et le comportement. Un article publié dans le *American Journal for Clinical Nutrition* a recensé 38 articles universitaires et a conclu que les acides gras oméga-3 pourraient prévenir les maladies et problèmes de santé suivants : les maladies coronariennes, les accidents vasculaires cérébraux, la carence en acides gras essentiels chez les enfants (qui entraîne un développement inadéquat de la rétine et du cerveau), les troubles auto-immuns, la maladie de Crohn, le cancer (du sein, du côlon et de la prostate), l'hypertension et l'arthrite.

Le chanvre est également richement pourvu d'un acide gras polyinsaturé qu'on trouve difficilement dans l'alimentation occidentale: l'acide gamma-linolénique (appelé aussi AGL), qui peut entraver les réactions inflammatoires de l'organisme et ainsi prévenir les maladies. (Un article publié en 2012 dans le *Wall Street Journal* fait état des recherches récentes selon lesquelles les cardiopathies, le diabète, la maladie d'Alzheimer, les accidents vasculaires cérébraux et le cancer sont tous associés à une inflammation chronique.) Dans un essai hasardisé croisé à double insu, effectué en 2006, deux groupes consommaient soit de l'huile de lin (une des meilleures sources naturelles d'oméga-3), soit de l'huile de chanvre. Contrairement aux participants consommant de l'huile de lin, ceux ayant consommé du chanvre ont présenté une augmentation de leur taux d'AGL. Ces derniers présentaient également un taux moins élevé de cholestérol total par rapport au cholestérol HDL.

Le chanvre contient des protéines — environ 5 g par 2 c. à tab (30 ml) — ainsi que des fibres, de la vitamine E, du phosphore, du potassium, du sodium, du magnésium, du calcium, du fer, du zinc et tous les acides aminés essentiels, y compris l'acide aminé arginine, qui réduit le risque de maladies cardiovasculaires, selon des études comme le *Third National Health Nutrition and Examination Survey*.

Même si les chercheurs s'entendent pour dire que d'autres études cliniques, en particulier sur les humains, doivent être effectuées sur les propriétés nutritives du chènevis et ses bienfaits pour la santé, la majorité des éléments de preuve penchent en faveur de la plante qui fait l'objet de tant de réglementation. La teneur en gras, en vitamines, en minéraux et en fibres du chanvre en fait un candidat idéal à ajouter à la liste des superaliments santé.

L'utilisation du chanvre en cuisine

Les graines de chanvre. Le chènevis a un goût de noix qui ressemble à celui de la graine de tournesol, mais avec un peu plus de mordant. Il est délicieux sous forme de graines entières décortiquées en guise de collation, parsemées sur une salade ou transformées en lait de chanvre.

Le lait de chanvre. C'est un substitut onctueux et sain aux produits laitiers qu'on peut utiliser tel quel et dans toutes les recettes de crème glacée, de laits fouettés, de poudings et autres plats crémeux sans produits laitiers de ce livre.

Le beurre et l'huile de chanvre. On peut tartiner son pain de beurre de chanvre en remplacement du beurre d'arachide. L'huile de chanvre est parfaite dans les vinaigrettes, pour arroser des légumes ou pour ajouter à des smoothies. Mais il vaut mieux ne pas la chauffer, parce que les acides gras oméga-3 présents dans le chanvre sont hautement instables et produisent des sous-produits toxiques. Par conséquent, le chènevis et l'huile de chanvre deviennent rapidement rances. Conservez-les dans des récipients opaques au réfrigérateur, et ne les utilisez pas après la date de péremption ou s'ils présentent une odeur ou un goût inhabituels. L'huile de chanvre rance dégage une odeur âcre; son goût devient amer ou simplement désagréable.

Au fur et à mesure que des études seront publiées à son sujet et que les interdictions et les règlements à son égard seront levés aux États-Unis, le chanvre pourrait devenir plus accessible et faire l'objet d'une culture locale. Cela pourrait augmenter la durée de conservation des produits du chanvre en réduisant les temps de transit.

Chapitre 8

FAIRE SOI-MÊME DU LAIT, DU BEURRE, DU FROMAGE ET DU YOGOURT SANS PRODUITS LAITIERS

QUE L'ON SUIVE un régime sans produits laitiers ou que l'on cherche simplement à manger sainement, il est important de savoir ce que contiennent les aliments qu'on consomme, et la meilleure façon d'y arriver est incontestablement de les cuisiner à la maison. Heureusement, faire soi-même des substituts de produits laitiers — sans additifs et sans sucre ajouté — est facile et généralement plus économique que d'acheter leur équivalent du commerce.

Ce chapitre explore quelques-uns de mes substituts maison favoris en proposant des recettes de yogourts sans produits laitiers, de fromages à base de noix et d'autres substituts de produits laitiers, tous à base d'ingrédients sains tels que la noix de coco, les noix, les huiles bénéfiques pour le cœur et le soja. Assurez-vous d'avoir une bonne quantité d'étamine (coton à fromage) sous la main, sortez le mélangeur, et c'est parti !

Lait d'amande

Faire soi-même son lait d'amande est simple et relativement économique, en plus de permettre de connaître précisément le contenu de son verre. Le lait d'amande maison peut être aromatisé de multiples façons : il suffit d'ajouter du sirop d'agave, du miel ou encore un soupçon de cannelle ou de poudre de cacao pour créer des variantes savoureuses.

RENDEMENT : 10 T (2,5 L)

2 t (500 ml) d'amandes crues
eau froide pour le trempage
8 t (2 L) d'eau froide
3 c. à tab (45 ml) de sirop d'érable (facultatif)
1 c. à thé (5 ml) de jus de citron fraîchement pressé
¼ c. à thé (1 ml) de sel de mer, ou plus au goût

① **Trempage des amandes.** Dans un bol juste assez grand pour les contenir, mettre les amandes et verser suffisamment d'eau pour les couvrir. Couvrir le bol et faire tremper les amandes toute la nuit. Le lendemain, égoutter les amandes et jeter l'eau de trempage.

② **Préparation de la purée.** Au mélangeur, réduire en purée les amandes, 8 t (2 L) d'eau, le sirop d'érable, si désiré, le jus de citron et le sel de mer jusqu'à ce que la préparation soit homogène avec seulement quelques petits grumeaux.

③ **Préparation du lait.** Tapisser un grand bol d'un grand carré d'étamine en laissant dépasser un excédent tout autour. Verser le liquide lentement dans le bol, puis rassembler les côtés de l'étamine de manière à créer un baluchon. Presser l'étamine pour extraire le lait dans le bol jusqu'à ce qu'il ne reste que la pulpe (jeter la pulpe). Verser le lait dans un pichet, couvrir et réfrigérer. Le lait d'amande maison a tendance à faire un dépôt, ce qui est tout à fait normal. Le brasser au moment de servir. Dans un contenant hermétique, le lait d'amande se conservera jusqu'à 4 jours au réfrigérateur.

Lait de noix de coco crue

Fendre la noix de coco est l'étape la plus difficile de la fabrication du lait de coco. Une fois ce défi relevé, vous serez étonné de constater à quel point c'est simple.

RENDEMENT : 5 À 7 T (1,25 L À 1,75 L), SELON LA TAILLE DE LA NOIX DE COCO

1 noix de coco de taille moyenne

1 pincée de sel

3 à 4 t (750 ml à 1 L) d'eau

sirop d'agave ou d'érable (facultatif)

① **Préparation de la noix de coco.** Repérer l'équateur de la noix de coco, c'est-à-dire la ligne qui se dessine tout autour de la noix. En travaillant au-dessus d'un grand bol, à l'aide d'un marteau ou du côté plat d'un gros couteau, frapper la noix de coco le long de son équateur, en faisant le tour trois ou quatre fois ou jusqu'à ce qu'elle se sépare en deux. Récupérer l'eau de coco dans le bol et la réserver.

② **Prélèvement de la pulpe.** Briser la noix de coco en petits morceaux pour faciliter le prélèvement de la pulpe. À l'aide d'une fourchette, d'une cuillère à pamplemousse ou de tout autre ustensile, prélever la pulpe de la coque. Les morceaux d'écorce qui restent inévitablement attachés à la pulpe sont comestibles et seront retirés du lait au moment du filtrage.

③ **Préparation de la purée.** Dans la jarre d'un mélangeur, mettre les morceaux de pulpe, l'eau de coco réservée, le sel et suffisamment d'eau pour couvrir la noix de coco de 2 à 3 po (5 à 8 cm). Réduire en purée jusqu'à ce que la préparation soit homogène avec seulement quelques petits grumeaux.

④ **Préparation du lait.** Tapisser un grand bol d'un grand carré d'étamine en laissant dépasser un excédent tout autour. Verser le liquide lentement dans le bol, puis rassembler les côtés de l'étamine de manière à créer un baluchon. Presser l'étamine pour extraire le lait dans le bol jusqu'à ce qu'il ne reste que la pulpe (jeter la pulpe). Verser le lait dans un pichet, couvrir et réfrigérer. Le brasser au moment de servir. Sucrer avec le sirop, au goût. Dans un contenant hermétique, le lait de noix de coco crue se conservera jusqu'à 4 jours au réfrigérateur.

Le meilleur lait de noix de coco

La méthode proposée dans cette recette permet d'obtenir un lait de coco d'une texture semblable à celle du lait en conserve. Le résultat obtenu est plus homogène et consistant que la version à la noix de coco crue et la préparation est moins ardue, la pulpe étant beaucoup plus facile à prélever de la coque après avoir été cuite au four.

RENDEMENT : 5 À 7 T (1,25 L À 1,75 L), SELON LA TAILLE DE LA NOIX DE COCO

1 noix de coco de taille moyenne
1 pincée de sel
3 à 4 t (750 ml à 1 L) d'eau
sirop d'agave ou d'érable (facultatif)

① **Préparation de la noix de coco.** Repérer l'équateur de la noix de coco, c'est-à-dire la ligne qui se dessine tout autour de la noix. En travaillant au-dessus d'un grand bol, à l'aide d'un marteau ou du côté plat d'un gros couteau, frapper la noix de coco le long de son équateur, en faisant le tour trois ou quatre fois ou jusqu'à ce qu'elle se sépare en deux. Récupérer l'eau de coco dans le bol et la réserver.

② **Cuisson et prélèvement de la pulpe.** Préchauffer le four à 375 °F (190 °C). Bien envelopper les moitiés de noix de coco de papier d'aluminium et cuire au four de 45 minutes à 1 heure. Retirer la noix de coco du four et la laisser refroidir de 5 à 10 minutes. À l'aide d'une fourchette ou avec les mains, prélever la pulpe de la coque.

③ **Préparation de la purée.** Dans la jarre d'un mélangeur, mettre les morceaux de pulpe, l'eau de coco réservée, le sel et suffisamment d'eau pour couvrir la noix de coco de 2 à 3 po (5 à 8 cm). Réduire en purée jusqu'à ce que la préparation soit homogène avec seulement quelques petits grumeaux.

④ **Préparation du lait.** Tapisser un grand bol d'un grand carré d'étamine en laissant dépasser un excédent tout autour. Verser le liquide lentement dans le bol, puis rassembler les côtés de l'étamine de manière à créer un baluchon. Presser l'étamine pour extraire le lait dans le bol jusqu'à ce qu'il ne reste que la pulpe (jeter la pulpe). Verser le lait dans un pichet, couvrir et réfrigérer. Le brasser au moment de servir. Sucrer avec le sirop, au goût. On peut utiliser ce lait de coco dans les soupes, les sauces et les desserts. Dans un contenant hermétique, il se conservera jusqu'à 4 jours au réfrigérateur.

Lait de noix de cajou

Le goût de beurre de la noix de cajou donne un lait délicieux et velouté. Le lait de noix de cajou s'utilise dans les recettes comme substitut du lait de vache, en plus d'être délicieux nature.

RENDEMENT : 8 À 10 T (2 À 2,5 L)

2 t (500 ml) de noix de cajou crues
eau froide pour le trempage
8 t (2 L) d'eau
sel de mer
sirop d'agave ou d'érable (facultatif)

① **Trempage des noix de cajou.** Dans un bol juste assez grand pour les contenir, mettre les noix de cajou et verser juste assez d'eau pour les couvrir. Couvrir le bol et faire tremper les noix de cajou toute la nuit. Le lendemain, égoutter les noix de cajou et jeter l'eau de trempage.

② **Préparation de la purée.** Au mélangeur, réduire en purée les noix de cajou et 8 t (2 L) d'eau jusqu'à ce que la préparation soit homogène avec seulement quelques petits grumeaux.

③ **Préparation du lait.** Tapisser un grand bol d'un grand carré d'étamine en laissant dépasser un excédent tout autour. Verser le liquide lentement dans le bol, puis rassembler les côtés de l'étamine de manière à créer un baluchon. Presser l'étamine pour extraire le lait dans le bol jusqu'à ce qu'il ne reste que la pulpe (jeter la pulpe). Verser le lait dans un pichet, couvrir et réfrigérer. Le lait de noix de cajou maison a tendance à faire un dépôt, ce qui est tout à fait normal. Au moment de servir, le brasser, le saler et le sucrer avec le sirop, au goût. Dans un contenant hermétique, le lait de noix de cajou se conservera jusqu'à 4 jours au réfrigérateur.

Lait de soja

Ce lait est parmi les plus économiques à faire — le champion étant le lait de riz brun —, en plus de ne nécessiter aucun appareil particulier : un peu de trempage, un peu de cuisson et un peu de filtrage suffisent. Habituellement, je sucre mes laits végétaux avec du sirop d'agave ou d'érable, mais dans le lait de soja je préfère le sucre de canne. Je vous suggère d'essayer différents édulcorants et arômes pour trouver vos combinaisons préférées.

RENDEMENT : 8 À 9 T (2 À 2,25 L)

3 t (750 ml) de fèves de soja sèches biologiques sans OGM, bien rincées

eau froide pour le trempage

10 ½ t (2,5 L) d'eau

⅛ c. à thé (0,5 ml) de sel de mer

¼ t (60 ml) de sucre de canne biologique ou d'édulcorant liquide (facultatif)

LES UTILISATIONS DE LA PULPE DE SOJA

La pulpe fibreuse au goût prononcé que l'on obtient après avoir filtré le lait de soja s'appelle l'okara. On peut l'utiliser dans divers plats, notamment les hamburgers végétariens, les boulettes végétaliennes et les plats japonais traditionnels tels que l'unohana, à base d'okara sauté avec des carottes émincées et de la sauce soja. Très périssable, l'okara se conserve seulement jusqu'à 2 jours au réfrigérateur, mais on peut le congeler pour une utilisation future. Plusieurs blogues et sites Web américains et français proposent des recettes permettant d'apprêter la pulpe de soja, si vous êtes plus aventureux et avez envie d'explorer de ce côté.

① **Trempage des fèves de soja.** Mettre les fèves de soja dans une grande casserole ou un bol et verser 7 à 8 t (1,75 à 2 L) d'eau pour les couvrir. Couvrir le contenant et faire tremper les fèves de soja toute la nuit. Le lendemain, égoutter les fèves de soja et jeter l'eau de trempage.

② **Préparation de la purée et cuisson.** Au mélangeur, réduire en purée lisse les fèves de soja, 10 ½ t (2,5 L) d'eau et le sel. (Si la quantité de mélange est trop grande pour la capacité du mélangeur, réaliser cette étape en deux fois.) Verser le mélange dans une grande casserole et porter à faible ébullition à feu vif. Réduire le feu et laisser mijoter de 15 à 20 minutes en écumant régulièrement la surface à l'aide d'une cuillère de bois ou d'un petit tamis.

③ **Préparation du lait.** Dans un grand tamis tapissé d'étamine et placé au-dessus d'un grand bol, verser le lait de soja et le laisser refroidir environ 20 minutes ou suffisamment pour qu'il soit possible de le manipuler. Rassembler les côtés de l'étamine et presser pour extraire le lait. Sucrer, au goût. Verser le lait dans un pichet, couvrir et réfrigérer. Dans un contenant hermétique, le lait de soja se conservera jusqu'à 1 semaine au réfrigérateur. Dans les recettes, utiliser ce lait comme substitut du lait de vache.

Lait de riz brun

De tous les laits végétaux, le lait de riz brun est celui dont la consistance est la plus légère. Il est délicieux dans les boissons, dans les pains et gâteaux, ainsi que sur les céréales.

RENDEMENT : 6 T (1,5 L)

10 ½ t (2,5 L) d'eau

1 t (250 ml) de riz brun, rincé abondamment à l'eau froide

½ c. à thé (2 ml) de vanille

sel

sirop d'agave ou d'érable (facultatif)

1. **Cuisson du riz.** Dans une grande casserole, porter à ébullition 6 t (1,5 L) d'eau. Ajouter le riz et remuer une fois pour mélanger. Réduire à feu moyen-vif et cuire à découvert, en brassant de temps à autre, pendant environ 30 minutes. Verser délicatement le riz dans une passoire fine et la secouer pour faire s'égoutter l'excédent d'eau. Remettre le riz dans la casserole et laisser reposer à couvert pendant 10 minutes.

2. **Préparation de la purée.** Au mélangeur, réduire en purée lisse le riz, le reste de l'eau (4 ½ t/1,125 L) et la vanille jusqu'à ce que la préparation soit homogène avec seulement quelques petits grumeaux.

3. **Préparation du lait.** Dans un grand tamis tapissé d'étamine placé au-dessus d'un grand bol, verser le lait de riz et le laisser refroidir environ 20 minutes ou suffisamment pour qu'il soit possible de le manipuler. Rassembler les côtés de l'étamine et presser pour extraire le lait. Saler et sucrer avec le sirop, au goût. Verser le lait dans un pichet, couvrir et réfrigérer. Dans un contenant hermétique, le lait de riz se conservera jusqu'à 1 semaine au réfrigérateur.

Crème sure de noix de cajou

Caillée avec du jus de citron et du vinaigre de cidre et très facile à réaliser, cette version végétale peut être utilisée dans toutes les recettes qui nécessitent de la crème sure.

RENDEMENT : ENVIRON 1 ½ T (375 ML)

Crème sure de noix de coco

Cette crème sure végétale ne nécessitant ni mélangeur ni cuisson est riche et délicieuse et ressemble à s'y méprendre à celle à base de lait de vache.

RENDEMENT : ENVIRON 2 T (500 ML)

2 t (500 ml) de noix de cajou crues
eau froide pour le trempage
½ à ¾ c. à thé (2 à 4 ml) de sel de mer
2 c. à thé (10 ml) de vinaigre de cidre
jus de 2 citrons
¼ t (60 ml) d'eau

① **Trempage des noix de cajou.** Dans un bol juste assez grand pour les contenir, mettre les noix de cajou et verser juste assez d'eau pour les couvrir. Couvrir le bol et faire tremper les noix de cajou toute la nuit. Le lendemain, égoutter les noix et jeter l'eau de trempage.

② **Préparation de la crème.** Au mélangeur, réduire en purée les noix de cajou, le sel de mer, le vinaigre de cidre, le jus de citron et ¼ t (60 ml) d'eau jusqu'à ce que la préparation soit crémeuse et veloutée. Mettre la crème dans un contenant, couvrir et réfrigérer. Servir froid. Dans un contenant hermétique, la crème sure se conservera jusqu'à 4 jours au réfrigérateur.

2 boîtes de 15 oz (450 ml) chacune de lait de coco entier, réfrigérées depuis la veille
1 c. à tab (15 ml) de jus de citron, ou plus au goût
1 pincée de sel de mer

① **Préparation de la crème.** Perforer les boîtes de lait de coco et égoutter le liquide. Retirer la crème de coco et la mettre dans un petit bol. Ajouter le jus de citron et le sel de mer et mélanger. Utiliser aussitôt ou couvrir et réfrigérer. Dans un contenant hermétique, la crème sure se conservera jusqu'à 2 jours au réfrigérateur.

Fromage de noix de cajou

Ce fromage sans produits laitiers est si délicieux que l'on a peine à croire qu'il ne s'agit pas de véritable fromage. Il doit son goût et son apparence à la levure alimentaire, au miso et au jus de citron, tandis que les noix de cajou, le lait de coco, le lait d'amande et les flocons d'agar-agar lui confèrent sa texture ferme et le rendent facile à couper en tranches. On le savoure sur des craquelins ou dans les sandwichs, les quiches et les ragoûts.

RENDEMENT : UNE MEULE DE 7 À 8 PO (18 À 20 CM) DE DIAMÈTRE

2 t combles (un peu plus de 500 ml) de noix de cajou crues

½ t (125 ml) de levure alimentaire

1 c. à thé (5 ml) de sel

2 t (500 ml) de lait de coco entier

1 ½ t (375 ml) de lait d'amande non sucré

½ t (125 ml) de flocons d'agar-agar (un paquet de 1 oz/28 g)

½ t (125 ml) d'huile de canola ou de noix de coco

¼ t (60 ml) de miso blanc

2 c. à tab (30 ml) de jus de citron fraîchement pressé

① **Préparation des noix de cajou.** Au mélangeur ou au robot culinaire, moudre très finement les noix de cajou en arrêtant l'appareil de temps à autre pour racler les bords du récipient. Ajouter la levure alimentaire et le sel et mélanger en activant et en arrêtant successivement l'appareil pour les incorporer. Réserver.

② **Cuisson.** Dans une casserole moyenne, mélanger les laits de coco et d'amande, les flocons d'agar-agar et l'huile. Porter à ébullition à feu moyen-vif en brassant sans arrêt, puis réduire à feu moyen. Poursuivre la cuisson en brassant fréquemment pendant environ 10 minutes ou jusqu'à ce que la préparation ait légèrement épaissi. Au début, le mélange se sépare — l'huile flotte à la surface et les flocons d'agar-agar sont visibles —, mais il devient relativement homogène une fois cuit. Retirer du feu.

③ **Mélange des ingrédients.** Au mélangeur ou au robot culinaire, mélanger la préparation au lait avec les noix de cajou moulues. Ajouter le miso et le jus de citron et mélanger jusqu'à ce que la préparation soit homogène.

④ **Préparation du fromage et réfrigération.** Tapisser un bol en verre d'une capacité de 7 à 8 t (1,75 à 2 L) de pellicule de plastique, en laissant dépasser un excédent d'environ 2 po (5 cm) tout autour. Lisser la pellicule de plastique pour la faire adhérer au bol. Verser la préparation dans le bol, couvrir et réfrigérer toute la nuit ou jusqu'à ce que le fromage ait pris. Au moment de servir, retirer le fromage du bol en s'aidant de la pellicule de plastique et le retourner sur une planche à découper ou une assiette de service. Dans un contenant hermétique, le fromage de noix de cajou se conservera jusqu'à 1 semaine au réfrigérateur. Servir froid.

Fromage de noix du Brésil

La noix du Brésil et la noix de macadam se marient à l'huile de noix de coco dans ce fromage à pâte molle délicieusement crémeux. On le savoure dans les sandwichs, sur des craquelins, avec des fruits, ou on l'utilise dans des plats cuisinés tels que la Quiche lorraine sans produits laitiers (page 84).

RENDEMENT : UNE MEULE DE 7 À 8 PO (18 À 20 CM) DE DIAMÈTRE

2 t (500 ml) de noix du Brésil crues

½ t (125 ml) de noix de macadam crues

⅔ t (160 ml) de levure alimentaire

1 c. à thé (5 ml) de sel

2 t (500 ml) de lait de coco entier

1 ½ t (375 ml) de lait d'amande non sucré

½ t (125 ml) de flocons d'agar-agar (un paquet de 1 oz/28 g)

½ t (125 ml) d'huile de noix de coco

¼ t (60 ml) de miso blanc

2 c. à tab (30 ml) de jus de citron fraîchement pressé

① **Préparation des noix.** Au mélangeur ou au robot culinaire, moudre très finement les noix du Brésil et de macadam en arrêtant l'appareil de temps à autre pour racler les bords du récipient. Ajouter la levure alimentaire et le sel et mélanger en activant et en arrêtant successivement l'appareil pour les incorporer. Réserver.

② **Cuisson.** Dans une casserole moyenne, mélanger les laits de coco et d'amande, les flocons d'agar-agar et l'huile. Porter à ébullition à feu moyen-vif en brassant sans arrêt, puis réduire à feu moyen. Poursuivre la cuisson en brassant fréquemment pendant environ 10 minutes ou jusqu'à ce que la préparation ait légèrement épaissi. Au début, le mélange se sépare — l'huile flotte à la surface et les flocons d'agar-agar sont très visibles —, mais il devient relativement homogène une fois cuit. Retirer du feu.

③ **Mélange des ingrédients.** Au mélangeur ou au robot culinaire, mélanger la préparation au lait avec les noix moulues. Ajouter le miso et le jus de citron et mélanger jusqu'à ce que la préparation soit homogène.

④ **Préparation du fromage et réfrigération.** Tapisser un bol en verre d'une capacité de 7 à 8 t (1,75 à 2 L) de pellicule de plastique, en laissant dépasser un excédent d'environ 2 po (5 cm) tout autour. Lisser la pellicule de plastique pour la faire adhérer au bol. Verser la préparation dans le récipient, couvrir et réfrigérer toute la nuit. Au moment de servir, retirer le fromage du bol en s'aidant de la pellicule de plastique et le retourner sur une planche à découper ou une assiette de service. Dans un contenant hermétique, le fromage de noix du Brésil se conservera jusqu'à 1 semaine au réfrigérateur. Servir froid.

Fromage d'amande

Ce fromage a un bon petit goût d'amande avec une texture et une couleur très alléchantes. Même après le trempage, les amandes sont difficiles à moudre dans un mélangeur ordinaire. Si c'est le seul outil que vous avez, il faut vous attendre à moudre les noix plus longtemps et à obtenir un fromage un peu plus grumeleux. Si on le souhaite, on peut peler les amandes avant de les moudre. L'opération prend du temps, mais n'est pas difficile à réaliser. Il suffit de pincer la pellicule brunâtre avec les doigts pour la retirer. On sert le fromage d'amande à l'apéro ou en guise de collation, ou encore on l'utilise dans des plats cuisinés.

RENDEMENT : UNE MEULE DE 7 À 8 PO (18 À 20 CM) DE DIAMÈTRE

2 t (500 ml) d'amandes crues

eau froide pour le trempage

²/₃ t (160 ml) de levure alimentaire

1 c. à thé (5 ml) de sel

1 boîte de 15 oz (450 ml) de lait de coco entier

2 t (500 ml) de lait d'amande

½ t (125 ml) de flocons d'agar-agar (un paquet de 1 oz/28 g)

½ t (125 ml) d'huile d'olive extra vierge

¼ t (60 ml) de miso blanc

2 c. à tab (30 ml) de jus de citron fraîchement pressé

① **Trempage des amandes.** Dans un bol juste assez grand pour les contenir, mettre les amandes et verser suffisamment d'eau pour les couvrir. Couvrir le bol et faire tremper les amandes toute la nuit. Le lendemain, égoutter les amandes et jeter l'eau de trempage.

② **Préparation des amandes.** Au mélangeur ou au robot culinaire, moudre très finement les amandes en arrêtant l'appareil de temps à autre pour racler les bords du récipient. Ajouter la levure alimentaire et le sel et mélanger en activant et en arrêtant successivement l'appareil pour les incorporer. Réserver.

③ **Cuisson.** Dans une casserole moyenne, mélanger les laits de coco et d'amande, les flocons d'agar-agar et l'huile. Porter à ébullition à feu moyen-vif en brassant sans arrêt, puis réduire à feu moyen. Poursuivre la cuisson en brassant fréquemment pendant environ 10 minutes ou jusqu'à ce que la préparation ait légèrement épaissi. Au début, le mélange se sépare — l'huile flotte à la surface et les flocons d'agar-agar sont visibles —, mais il devient relativement homogène une fois cuit. Retirer du feu.

④ **Mélange des ingrédients.** Au mélangeur ou au robot culinaire, mélanger la préparation avec les amandes moulues. Ajouter le miso et le jus de citron et mélanger jusqu'à ce que la préparation soit homogène.

⑤ **Préparation du fromage et réfrigération.** Tapisser un bol en verre d'une capacité de 7 à 8 t (1,75 à 2 L) de pellicule de plastique, en laissant dépasser environ 2 po (5 cm) tout autour. Lisser la pellicule de plastique pour la faire adhérer au récipient. Verser la préparation dans le récipient, couvrir et réfrigérer toute la nuit. Au moment de servir, retirer le fromage du bol en s'aidant de la pellicule de plastique et le retourner sur une planche à découper ou une assiette de service. Dans un contenant hermétique, le fromage d'amande se conservera jusqu'à 1 semaine au réfrigérateur. Servir froid.

Fromage bleu de noix de cajou

Ce fromage doit ses volutes bleues et son goût prononcé à la poudre d'algue bleue et au tofu fermenté. On trouve le tofu fermenté dans les épiceries asiatiques et la poudre d'algue bleue dans la plupart des magasins d'aliments naturels et sur Internet.

RENDEMENT : UNE MEULE DE 7 À 8 PO (18 À 20 CM) DE DIAMÈTRE

2 t combles (un peu plus de 500 ml)
de noix de cajou crues

2 c. à tab (30 ml) de levure alimentaire

1 c. à thé (5 ml) de sel

2 t (500 ml) de lait de coco entier

1 ½ t (375 ml) de lait d'amande non sucré
ou de lait de soja

½ t (125 ml) de flocons d'agar-agar (un paquet
de 1 oz/28 g)

½ t (125 ml) d'huile de canola

¼ t (60 ml) de miso blanc

2 c. à tab (30 ml) de jus de citron fraîchement pressé

1 pot de 14 oz (398 ml) de tofu fermenté, égoutté

1 c. à tab (15 ml) de poudre d'algue bleue

(1) **Préparation des noix de cajou.** Au mélangeur ou au robot culinaire, moudre très finement les noix de cajou en arrêtant l'appareil de temps à autre pour racler les bords du récipient. Ajouter la levure alimentaire et le sel et mélanger en activant et en arrêtant successivement l'appareil pour les incorporer. Réserver.

(2) **Cuisson.** Dans une casserole moyenne, mélanger les laits de coco et d'amande, les flocons d'agar-agar et l'huile. Porter à ébullition à feu moyen-vif en brassant sans arrêt, puis réduire à feu moyen. Poursuivre la cuisson en brassant fréquemment pendant environ 10 minutes ou jusqu'à ce que la préparation ait légèrement épaissi. Au début, le mélange se sépare — l'huile flotte à la surface et les flocons d'agar-agar sont très visibles —, mais il devient relativement homogène une fois cuit. Retirer du feu.

(3) **Mélange des ingrédients.** Au mélangeur ou au robot culinaire, mélanger la préparation au lait avec les noix de cajou moulues. Ajouter le miso et le jus de citron et mélanger jusqu'à ce que la préparation soit homogène.

(4) **Préparation du fromage.** Dans un petit bol, mettre le tofu fermenté, ajouter la poudre d'algue bleue et bien mélanger en écrasant le tofu à l'aide d'une fourchette. Tapisser un bol en verre de pellicule de plastique, en laissant dépasser un excédent d'environ 2 po (5 cm) tout autour. Lisser la pellicule de plastique pour la faire adhérer au bol. Mettre quelques cuillerées à table du mélange de tofu au fond du bol, puis verser environ le tiers du mélange de noix de cajou. Ajouter quelques cuillerées à table du mélange de tofu puis, à l'aide d'une cuillère, l'incorporer en dessinant des volutes. Poursuivre en ajoutant encore un tiers du mélange de noix de cajou puis quelques cuillerées à table du mélange de tofu en l'incorporant de la même manière. Répéter cette étape avec le reste du mélange de noix et le reste du mélange de tofu.

(5) **Réfrigération.** Couvrir le bol et réfrigérer toute la nuit. Au moment de servir, retirer le fromage du bol en s'aidant de la pellicule de plastique et le retourner sur une planche à découper ou une assiette de service. Dans un contenant hermétique, le fromage bleu de noix de cajou se conservera jusqu'à 1 semaine au réfrigérateur. Servir froid.

Fromage à la crème de noix de cajou

Plus longtemps le fromage à la crème sera égoutté, plus il sera ferme. Inutile d'accélérer le processus : laisser l'étamine faire son travail jusqu'à ce que le fromage ait la consistance voulue.

RENDEMENT : ENVIRON 1 T (250 ML)

Fromage ricotta de tofu

Difficile de trouver plus simple que cette savoureuse recette de fromage végétal à base de tofu. On l'utilise dans la lasagne sans produits laitiers, dans les raviolis maison ou dans tout plat qui nécessite du fromage ricotta.

RENDEMENT : 1 ½ À 2 T (375 À 500 ML)

---

1 ½ t (375 ml) de noix de cajou crues
eau froide pour le trempage
2 c. à tab (30 ml) de jus de citron fraîchement pressé
3 c. à tab (45 ml) d'eau

① **Trempage des noix de cajou.** Dans un bol juste assez grand pour les contenir, mettre les noix de cajou et verser suffisamment d'eau pour les couvrir. Couvrir le bol et faire tremper les noix de cajou toute la nuit. Le lendemain, égoutter les noix de cajou et jeter l'eau de trempage.

② **Préparation des noix de cajou.** Au mélangeur ou au robot culinaire, moudre très finement les noix de cajou en arrêtant l'appareil de temps à autre pour racler les bords du récipient. Ajouter le reste des ingrédients et mélanger en activant et en arrêtant successivement l'appareil pour les incorporer.

③ **Préparation du fromage.** Dans un bol profond ou un pichet tapissé d'une simple épaisseur d'étamine, verser la préparation de noix de cajou, puis rassembler les côtés de l'étamine de manière à créer un baluchon. Nouer le baluchon autour du manche d'une cuillère de bois et placer celle-ci sur le dessus du bol, de façon que le baluchon soit suspendu sans toucher le fond. Cette technique permet d'égoutter le liquide et d'obtenir un fromage plus ferme. Laisser le fromage égoutter de 12 à 24 heures à la température ambiante. Dans un contenant hermétique, le fromage à la crème de noix de cajou se conservera jusqu'à 1 semaine au réfrigérateur.

1 lb (454 g) de tofu extraferme, égoutté et pressé
1 ½ c. à tab (22 ml) d'huile d'olive extra vierge
2 c. à tab (30 ml) de levure alimentaire
1 c. à thé (5 ml) de jus de citron
½ c. à thé (2 ml) de sel de mer

① **Préparation du tofu.** Dans un petit bol, émietter le tofu avec les doigts. Ajouter le reste des ingrédients et bien mélanger jusqu'à ce que la préparation soit homogène. Réfrigérer pendant 1 à 2 heures.

② **Préparation du fromage.** Dans un petit bol tapissé d'une simple épaisseur d'étamine, verser la préparation de tofu. Rassembler les côtés de l'étamine et presser pour extraire une partie du liquide. Jeter le liquide. Dans un contenant hermétique, le fromage ricotta de tofu se conservera jusqu'à 5 jours au réfrigérateur.

Yogourt d'amande

Ce yogourt facile à faire, que l'on prépare la veille, a meilleur goût que tout ce que l'on peut trouver en magasin. On peut essayer divers édulcorants et arômes, comme la vanille, et varier le temps de repos pour obtenir l'acidité voulue.

RENDEMENT : 5 ½ T (1,375 L)

5 t (1,25 L) de lait d'amande nature non sucré, du commerce ou fait maison (page 49)

2 c. à tab (30 ml) de sucre de canne

¼ c. à thé (1 ml) de pectine

6 c. à tab (90 ml) de yogourt d'amande préparé ou autre yogourt sans produits laitiers

① **Préparation du matériel.** S'assurer que la yaourtière et tous les pots et ustensiles utilisés sont propres, stérilisés et secs.

② **Préparation du mélange.** Dans une grande casserole, chauffer le lait d'amande et le sucre à feu moyen-vif en brassant souvent jusqu'à ce qu'un thermomètre à confiserie plongé dans le liquide indique 180 °F (82 °C). Verser le liquide dans la jarre d'un mélangeur, ajouter la pectine et mélanger aussitôt de 3 à 4 minutes ou jusqu'à ce que la préparation ait légèrement épaissi (cette étape est importante pour éviter que la pectine ne forme des grumeaux). Verser le liquide dans un bol résistant à la chaleur. Fixer le thermomètre au bord du bol et laisser refroidir le lait jusqu'à 100-105 °F (environ 38 °C). (Un lait trop chaud annulerait l'effet des ingrédients actifs du yogourt.)

③ **Mise en pots et repos.** Dans le bol, ajouter le yogourt d'amande préparé. Bien mélanger, puis verser le yogourt dans des pots stérilisés en les remplissant jusqu'à 1 po (2,5 cm) du bord. Ne pas mettre les couvercles sur les pots, et utiliser la yaourtière selon les indications du fabricant. (Je laisse mon yogourt d'amande reposer pendant environ 11 heures, mais ce temps de repos peut varier selon les modèles.)

④ **Réfrigération.** Couvrir les pots et réfrigérer. Le yogourt se conservera jusqu'à 4 jours au réfrigérateur.

Yogourt de soja

Comme dans le cas du Yogourt d'amande (page 64), cette recette nécessite une yaourtière, mais est facile à réaliser et ne requiert aucun ingrédient épaississant. Ce yogourt est délicieux agrémenté de fruits, de miel ou de noix. On peut varier le temps de repos pour obtenir l'acidité voulue.

RENDEMENT : 5 ½ T (1,375 L)

5 t (1,25 L) de lait de soja nature non sucré, du commerce ou fait maison (page 54)

2 c. à tab (30 ml) de sucre de canne

6 oz (180 ml) de yogourt de soja préparé ou autre yogourt sans produits laitiers

① **Préparation du matériel.** S'assurer que la yaourtière et tous les pots et ustensiles utilisés sont propres, stérilisés et secs.

② **Préparation du mélange.** Dans une grande casserole, chauffer le lait de soja et le sucre à feu moyen-vif en brassant souvent jusqu'à ce qu'un thermomètre à confiserie plongé dans le liquide indique 180 °F (82 °C). Verser le liquide dans un bol résistant à la chaleur. Fixer le thermomètre au bord du bol et laisser refroidir le lait jusqu'à 100–105 °F (environ 82 °C). (Un lait trop chaud annulerait l'effet des ingrédients actifs du yogourt.)

③ **Mise en pots et repos.** Dans le bol, ajouter le yogourt de soja préparé. Bien mélanger, puis verser le yogourt dans des pots stérilisés en les remplissant jusqu'à 1 po (2,5 cm) du bord. Ne pas mettre les couvercles sur les pots, et utiliser la yaourtière selon les indications du fabricant. (Je laisse mon yogourt de soja reposer de 8 à 10 heures, mais ce temps de repos peut varier selon les modèles.)

④ **Réfrigération.** Couvrir les pots et les réfrigérer. Le yogourt se conservera jusqu'à 4 jours au réfrigérateur.

Yogourt de noix de coco à la mijoteuse

La préparation de ce délicieux yogourt sans produits laitiers est simple comme bonjour et ne nécessite pas de yaourtière. Le lait de coco permet d'obtenir un yogourt consistant, riche et savoureux au goût délicieusement sain. Avant de faire du yogourt maison, prenez toujours soin de bien stériliser les instruments en faisant bouillir les pots, couvercles et disques de scellage dans environ 2 po (5 cm) d'eau pendant 5 à 10 minutes, et laissez-les refroidir avant de les utiliser.

RENDEMENT : ENVIRON 5 T (1,25 L)

3 boîtes de 15 oz (450 ml) chacune de lait de coco entier ou 4 ½ t (1,125 L) de lait de coco maison

4 c. à tab (60 ml) de sucre de canne

1 c. à tab (15 ml) de pectine

⅓ t (80 ml) de yogourt de lait de coco préparé ou autre yogourt sans produits laitiers

① **Préparation de la mijoteuse.** Mettre en marche une mijoteuse de grande taille au réglage « chaud ». Répartir plusieurs linges à vaisselle autour du récipient pour les réchauffer. Placer plusieurs pots stérilisés (ou un seul gros pot s'il peut entrer dans la mijoteuse) sur une surface propre. Réserver.

② **Préparation du mélange.** Dans une grande casserole, chauffer le lait de coco et le sucre à feu moyen-vif en brassant souvent jusqu'à ce qu'un thermomètre à confiserie plongé dans le liquide indique 180 °F (82 °C). Verser le liquide dans la jarre d'un mélangeur, ajouter la pectine et mélanger aussitôt de 3 à 4 minutes ou jusqu'à ce que la préparation ait légèrement épaissi (cette étape est importante pour éviter que la pectine ne forme des grumeaux). Verser le liquide dans un bol résistant à la chaleur. Fixer le thermomètre au bord du bol et laisser refroidir le mélange à 100–105 °F (environ 38 °C). (Un mélange trop chaud annulerait l'effet des ingrédients actifs du yogourt.)

③ **Mise en pots.** Dans le bol, ajouter le yogourt préparé. Bien mélanger, puis verser le yogourt dans les pots stérilisés en les remplissant jusqu'à 1 po (2,5 cm) du bord. Ne pas mettre les couvercles sur les pots.

④ **Repos et réfrigération.** Envelopper les pots dans les linges à vaisselle chauds sans serrer et les placer debout dans le récipient de la mijoteuse. Fermer et sceller le couvercle et laisser reposer le yogourt sans y toucher de 12 à 15 heures. (Je prépare mon yogourt le soir et le laisse reposer toute la nuit.) Couvrir les pots et les réfrigérer. Le yogourt se conservera jusqu'à 4 jours au réfrigérateur.

Margarine

Il est très facile de faire soi-même sa margarine : il suffit de faire fondre les ingrédients et de prendre le temps de bien les brasser. Vous pouvez inventer des variantes en ajoutant vos herbes et épices préférées, par exemple en incorporant 1 c. à tab (15 ml) de fines herbes séchées ou ¼ t (60 ml) de fines herbes fraîches, hachées, ou encore 1 c. à thé (5 ml) de cari.

RENDEMENT : ENVIRON 2 ½ T (625 ML)

1 t (250 ml) plus 2 c. à tab (30 ml) d'huile de noix de coco à la température ambiante
¾ t (180 ml) d'huile de canola
½ t (125 ml) de lait de coco entier
2 à 3 c. à thé (10 à 15 ml) de curcuma moulu
1 c. à thé (5 ml) de moutarde de Dijon
½ c. à thé (2 ml) de sel

① **Préparation du matériel.** Verser plusieurs centimètres d'eau chaude dans la partie inférieure d'un bain-marie ou dans une petite casserole et porter à faible ébullition (eau frémissante). Remplir un bol d'eau glacée. Réserver.

② **Préparation de la margarine.** Dans la partie supérieure d'un bain-marie ou un bol résistant à la chaleur, mélanger l'huile de noix de coco et l'huile de canola. (Si l'on utilise un bol et une casserole, placer le bol au-dessus de la casserole d'eau bouillante en veillant à ce que le fond du bol ne soit pas en contact avec l'eau ou les côtés de la casserole.) Laisser l'huile de noix de coco fondre complètement, puis ajouter le reste des ingrédients en brassant sans arrêt pour les mélanger. Cuire le mélange sans cesser de brasser jusqu'à ce qu'un thermomètre à confiserie fixé au bord du récipient indique 120 °F (49 °C).

③ **Réfrigération.** Déposer le récipient dans le bain d'eau glacée et brasser sans arrêt jusqu'à ce que la préparation ait légèrement épaissi. Verser la margarine dans un contenant hermétique et la réfrigérer. Elle se conservera jusqu'à 2 semaines au réfrigérateur. (J'utilise un minimoule à pain tapissé de pellicule de plastique pour donner à la margarine une forme rectangulaire.)

Chapitre 9

DÉJEUNER ET BRUNCH

LE DÉJEUNER est le repas qui démarre notre journée et le brunch fait partie des bonheurs de la vie. Mais la plupart des aliments et des recettes qu'on utilise pour ces repas — qu'ils soient de tous les jours ou pour les occasions spéciales — contiennent du lait, du beurre, de la crème ou d'autres produits laitiers.

Toutefois, il est très facile de les rendre plus sains en remplaçant le lait de vache par un lait végétal ; le beurre par de l'huile de noix de coco, des huiles bonnes pour la santé cardiaque ou de la margarine non hydrogénée ; et le fromage par un équivalent végétal à base de noix de cajou (page 58), et ce, sans faire de compromis en matière de goût. Ce chapitre propose, entre autres délices, des croûtes à quiche feuilletées, des crêpes moelleuses et un pain aux bananes qui fond dans la bouche — le tout sans une once de lait —, ainsi que de petits péchés mignons tels que les Beignes fourrés à la crème (page 82).

Pain aux bananes imbattable

Ce pain aux bananes déborde de saveur et surprend par sa touche d'érable et de noix de coco. Non seulement il est délicieux et sans produits laitiers, mais il est fait d'ingrédients plus sains que les versions habituelles à base de beurre.

RENDEMENT : UN PAIN DE 9 PO X 5 PO (23 CM X 13 CM), OU 8 À 10 TRANCHES

½ t (125 ml) de lait de coco ou de lait d'amande nature, à la température ambiante

1 c. à thé (5 ml) de vinaigre de cidre ou de vinaigre de vin blanc

2 t (500 ml) de farine tout usage

¾ t (180 ml) de sucre (préférablement du sucre de canne non raffiné)

¾ c. à thé (4 ml) de bicarbonate de sodium

¾ c. à thé (4 ml) de cannelle moulue

¾ c. à thé (4 ml) de sel

2 t (500 ml) de bananes écrasées (4 à 5 grosses bananes très mûres)

½ t (125 ml) plus 2 c. à tab (30 ml) de sirop d'érable à la température ambiante

¼ t (60 ml) d'huile de noix de coco extra vierge, fondue

1 c. à thé (5 ml) de vanille

① **Préparation du moule.** Préchauffer le four à 350 °F (180 °C). Huiler légèrement un moule à pain de 9 po x 5 po (23 cm x 13 cm). Dans un petit bol ou une tasse, mélanger le lait de coco et le vinaigre de cidre. Réserver.

② **Préparation de la pâte.** Dans un bol, mélanger la farine, le sucre, le bicarbonate de sodium, la cannelle et le sel. Ajouter le mélange de lait de coco, les bananes, le sirop d'érable, l'huile de coco et la vanille et mélanger pour humecter les ingrédients secs. Verser la pâte dans le moule à pain.

③ **Cuisson du pain.** Cuire au centre du four préchauffé pendant environ 1 heure ou jusqu'à ce qu'un cure-dent inséré au centre du pain en ressorte propre. Laisser reposer le pain pendant 20 minutes, puis le démouler sur une grille et le laisser refroidir complètement. Servir chaud ou à la température ambiante.

Muffins aux bleuets à la semoule de maïs

Ces muffins légers et colorés sont sans produits laitiers, sans gluten et sans soja, ce qui en fait une recette idéale lorsque vous cuisinez pour un groupe aux restrictions alimentaires variées. La recette permet de préparer 12 muffins standard ; si l'on préfère préparer 24 minimuffins, il suffit de réduire le temps de cuisson à 12 minutes. On trouve la gomme de xanthane dans les magasins d'aliments naturels, dans les boutiques spécialisées et sur Internet.

RENDEMENT : 12 MUFFINS OU 24 MINIMUFFINS

1 ¾ t (430 ml) de farine tout usage sans gluten

½ t (125 ml) de semoule de maïs sans gluten

2 c. à thé (10 ml) de poudre à pâte sans aluminium

1 c. à thé (5 ml) de gomme de xanthane

½ c. à thé (2 ml) de bicarbonate de sodium

1 c. à thé (5 ml) de sel

1 c. à thé (5 ml) de cannelle moulue

⅔ t (160 ml) d'huile de canola ou d'huile d'olive

⅓ t (80 ml) de cassonade tassée

3 gros œufs biologiques

½ t (125 ml) de sirop d'érable

⅔ t (160 ml) de lait d'amande ou de lait de coco non sucré

1 t (250 ml) de bleuets frais ou surgelés

① **Préparation des moules.** Préchauffer le four à 325 °F (160 °C). Tapisser 12 moules à muffins standard de moules en papier. Réserver.

② **Préparation de la pâte.** Dans un bol, mélanger la farine tout usage, la semoule de maïs, la poudre à pâte, la gomme de xanthane, le bicarbonate de sodium, le sel et la cannelle. Faire un puits au centre des ingrédients secs et ajouter l'huile, la cassonade, les œufs, le sirop d'érable et le lait d'amande. Mélanger jusqu'à ce que la pâte soit homogène. À l'aide d'une spatule, incorporer les bleuets en soulevant délicatement la masse jusqu'à ce qu'ils soient répartis uniformément dans la pâte. Répartir la pâte dans les moules à muffins (les remplir aux trois quarts).

③ **Cuisson des muffins.** Cuire de 20 à 22 minutes ou jusqu'à ce que les muffins reprennent leur forme sous une légère pression du doigt. Laisser reposer les muffins de 15 à 20 minutes, puis les démouler sur une grille et les laisser refroidir complètement. Servir chaud ou à la température ambiante.

Pains-biscuits au babeurre, sauce aux champignons

Des pains-biscuits feuilletés qui fondent dans la bouche, nappés d'une riche sauce aux champignons, et ce, sans la moindre trace de beurre ? C'est tout à fait possible ! Personne ne pourra se douter que ce savoureux plat de brunch est sans produits laitiers et végétalien. Le secret pour réussir les pains-biscuits : utiliser des ingrédients très froids. Et mon truc : je quadruple la recette et je garde le mélange d'ingrédients secs au réfrigérateur, pour préparer des pains-biscuits en un rien de temps.

RENDEMENT : 8 PAINS-BISCUITS, OU 4 PORTIONS

PAINS-BISCUITS

3 t (750 ml) de farine tout usage, ou plus au besoin

4 c. à thé (20 ml) de poudre à pâte

½ c. à thé (2 ml) de bicarbonate de sodium

1 ½ c. à thé (7 ml) de sel de mer

¾ t (180 ml) de margarine de soja non hydrogénée sans produits laitiers

1 ½ t (375 ml) de lait d'amande ou de soja non sucré, froid

1 ½ c. à tab (22 ml) de vinaigre de cidre

SAUCE AUX CHAMPIGNONS

1 c. à tab (15 ml) plus ¼ t (60 ml) d'huile de noix de coco extra vierge

1 oignon jaune haché finement

2 gousses d'ail hachées finement

1 c. à thé (5 ml) de thym séché

2 t (500 ml) de champignons café hachés

¼ t (60 ml) de farine tout usage

2 t (500 ml) de lait d'amande ou de soja non sucré

½ t (125 ml) de bouillon de légumes à faible teneur en sodium

¼ c. à thé (1 ml) de sel de mer, ou plus au goût

poivre noir fraîchement moulu

(1) **Préparation du mélange.** Dans un grand bol, mélanger la farine, la poudre à pâte, le bicarbonate de sodium et le sel. Ajouter la margarine de soja et, à l'aide d'un coupe-pâte ou de deux couteaux, ou avec les doigts, travailler la préparation jusqu'à ce qu'elle ait la texture d'une chapelure grossière. Couvrir le mélange et le réfrigérer pendant 30 minutes. Dans un petit bol ou une tasse, à l'aide d'un fouet, mélanger le lait d'amande et le vinaigre de cidre, puis réfrigérer.

(2) **Préparation de la plaque de cuisson.** Préchauffer le four à 375 °F (190 °C). Tapisser une grande plaque de cuisson de papier-parchemin.

(3) **Préparation des pains-biscuits.** Fariner légèrement une surface de travail propre et un racloir à pâte en métal (ou encore une spatule coudée ou un couteau). Verser petit à petit le mélange de lait d'amande sur les ingrédients secs et mélanger jusqu'à l'obtention d'une pâte souple, mais non collante. Sur la surface farinée, aplatir la pâte avec les mains, puis l'abaisser rapidement en un grand rectangle d'environ 2 po (5 cm) d'épaisseur. Au besoin, égaliser le dessus de l'abaisse avec les mains en évitant de trop travailler la pâte. À l'aide du racloir, couper les côtés de l'abaisse pour les égaliser, puis couper le rectangle de pâte en 8 carrés, en farinant le racloir au besoin.

À l'aide du racloir fariné, déposer les carrés de pâte sur la plaque de cuisson en les espaçant d'environ 2 po (5 cm). Cuire au four de 20 à 25 minutes ou jusqu'à ce que les pains-biscuits soient dorés.

④ **Préparation de la sauce.** Dans un grand poêlon à fond épais, chauffer 1 c. à tab (15 ml) d'huile de noix de coco à feu moyen-vif. Ajouter l'oignon, l'ail et le thym et cuire, en brassant souvent, jusqu'à ce que l'oignon soit tendre et dégage son arôme. Ajouter les champignons et le reste de l'huile de noix de coco (¼ t/60 ml) et cuire de 1 à 2 minutes. En brassant sans arrêt et vigoureusement, ajouter la farine et cuire pendant 1 minute (ne pas laisser dorer le mélange). Verser petit à petit le lait d'amande en brassant sans arrêt, puis incorporer le bouillon de légumes. Saler, réduire le feu et cuire à feu doux, en brassant de temps à autre, de 3 à 5 minutes ou jusqu'à ce que la sauce ait épaissi. Saler et poivrer au goût et servir aussitôt avec les pains-biscuits.

Gâteau à l'avoine et aux pommes épicées

Mi-gâteau, mi-pouding, ce plat de gruau réconfortant s'inspire d'un classique amish à base de beurre, d'œufs et de lait, en version plus saine. N'hésitez pas à remplacer les pommes par le fruit de votre choix : la poire et les petits fruits font de savoureuses variantes.

8 PORTIONS

1 t (250 ml) de pomme pelée, coupée en morceaux de ½ à 1 po (1 à 2,5 cm)

2 c. à tab (30 ml) de jus de citron fraîchement pressé

2 c. à tab (30 ml) de sucre de canne biologique

2 t (500 ml) de flocons d'avoine à cuisson rapide

1 t (250 ml) de flocons d'avoine à l'ancienne

½ t (125 ml) de cassonade tassée

2 c. à thé (10 ml) de poudre à pâte

½ c. à thé (2 ml) de cannelle moulue

¼ c. à thé (1 ml) de gingembre moulu

¾ c. à thé (4 ml) de sel

3 c. à tab (45 ml) de graines de lin moulues

¼ t (60 ml) d'eau chaude

1 t (250 ml) de lait d'amande non sucré à la température ambiante, et un peu plus pour le service

⅓ t (80 ml) de sirop d'érable pur à la température ambiante

¼ t (60 ml) d'huile de noix de coco extra vierge, fondue

① **Préparation du plat de cuisson.** Préchauffer le four à 350 °F (180 °C). Huiler légèrement un plat carré allant au four de 8 po (20 cm). Dans un petit bol, mélanger les morceaux de pomme, le jus de citron et le sucre de canne. Réserver.

② **Préparation des ingrédients secs.** Dans un bol moyen, mélanger les flocons d'avoine à cuisson rapide et à l'ancienne, la cassonade, la poudre à pâte, la cannelle, le gingembre moulu et le sel.

③ **Préparation des ingrédients liquides.** Dans une tasse ou un petit bol, à l'aide d'un fouet, mélanger les graines de lin et l'eau chaude jusqu'à l'obtention d'un mélange visqueux. Dans un bol moyen, mélanger 1 t (250 ml) de lait d'amande, le sirop d'érable et l'huile de noix de coco fondue.

④ **Préparation du gâteau et cuisson.** Incorporer le mélange de graines de lin à la préparation de lait d'amande et verser sur les ingrédients secs en remuant juste assez pour les humecter. Incorporer les pommes en soulevant délicatement la masse jusqu'à ce qu'elles soient réparties uniformément dans la pâte. Étendre le mélange dans le plat de cuisson. Cuire au four de 35 à 40 minutes ou jusqu'à ce qu'un cure-dent inséré au centre du gâteau en ressorte propre. Laisser refroidir pendant 10 minutes, puis couper en 8 carrés et servir arrosé d'un soupçon de lait d'amande.

Muffins aux carottes super nourrissants

Huile de noix de coco, miel, pommes, pacanes et carottes fraîchement râpées font de ces splendides muffins un choix santé tant pour les matins pressés que pour les brunchs de fête.

RENDEMENT : 18 MUFFINS

1 t (250 ml) de farine tout usage

1 t (250 ml) de farine de blé entier

½ t (125 ml) de flocons d'avoine

½ t (125 ml) de sucre de canne biologique

2 c. à thé (10 ml) de bicarbonate de sodium

2 c. à thé (10 ml) de cannelle moulue

½ c. à thé (2 ml) de sel de mer

½ t (125 ml) de canneberges séchées ou de raisins secs dorés

½ t (125 ml) de pacanes hachées

½ t (125 ml) de noix de coco râpée non sucrée

2 t (500 ml) de carottes râpées

3 gros œufs, légèrement battus

½ t (125 ml) d'huile de noix de coco fondue ou d'huile d'olive extra vierge

½ t (125 ml) de miel liquide

2 c. à thé (10 ml) de vanille

1 pomme Granny Smith râpée finement

½ t (125 ml) de compote de pommes lisse non sucrée

① **Préparation des moules.** Préchauffer le four à 350 °F (180 °C). Graisser 18 moules à muffins standard avec de l'huile de noix de coco.

② **Préparation de la pâte.** Dans un grand bol, mélanger les farines, l'avoine, le sucre, le bicarbonate de sodium, la cannelle et le sel de mer. Ajouter les canneberges, les pacanes, la noix de coco et les carottes râpées et mélanger. Dans un autre bol, à l'aide d'un fouet, mélanger les œufs, l'huile de noix de coco fondue, le miel et la vanille. Ajouter la pomme râpée et la compote de pommes et bien mélanger. Ajouter les ingrédients humides aux ingrédients secs et mélanger juste assez pour les humecter.

③ **Cuisson des muffins.** Répartir la pâte dans les moules à muffins (les remplir aux trois quarts). Cuire au four de 15 à 20 minutes ou jusqu'à ce qu'un cure-dent inséré au centre d'un muffin en ressorte propre. Laisser reposer les muffins de 5 à 10 minutes, puis les démouler sur une grille et les laisser refroidir complètement.

Pamplemousses grillés et yogourt de noix de coco au miel

Le pamplemousse grillé est divin, surtout lorsqu'on le rehausse de yogourt de noix de coco maison et de miel. Vous pouvez préparer le yogourt de noix de coco à l'avance pour qu'il ne reste plus qu'à faire griller le pamplemousse les matins pressés où vous seriez tenté de sauter le déjeuner. Au brunch, servir cette gâterie décorée de fleurs comestibles telles que la capucine.

4 PORTIONS

PAMPLEMOUSSES GRILLÉS

2 gros pamplemousses, coupés en deux

¼ t (60 ml) de sucre de canne biologique ou de sucre brut

1 pincée de cannelle

1 pincée de sel de mer

YOGOURT DE NOIX DE COCO AU MIEL

2 t (500 ml) de Yogourt de noix de coco à la mijoteuse (page 66)

3 c. à tab (45 ml) de miel liquide, ou plus au goût

fleurs comestibles, pour garnir (facultatif)

① **Préparation et cuisson des pamplemousses.** Préchauffer le gril du four. Enlever une mince tranche de pelure à la base des demi-pamplemousses pour qu'ils tiennent bien droit dans l'assiette. Disposer les demi-pamplemousses, le côté chair dessus, sur une plaque de cuisson. Dans un petit bol ou une tasse, mélanger le sucre, la cannelle et le sel et parsemer uniformément ce mélange sur les demi-pamplemousses. Cuire sous le gril préchauffé du four de 7 à 10 minutes ou jusqu'à ce que le sucre soit fondu et commence à caraméliser. Retirer les pamplemousses du four et les laisser refroidir de 5 à 10 minutes.

② **Préparation du yogourt.** Entre-temps, dans un petit bol, mélanger le yogourt et le miel. Garnir chaque demi-pamplemousse grillé d'une généreuse cuillerée de yogourt et décorer de fleurs comestibles, si désiré.

Pancakes au sarrasin et aux bleuets

Légères et santé, ces jolies petites crêpes sont idéales pour les brunchs d'été, lorsque la saison des bleuets bat son plein. L'huile de noix de coco leur donne une touche subtile qui se marie bien au goût du sarrasin et à l'acidité des petits fruits. Laissez reposer la pâte tel qu'indiqué pour permettre au gluten de se détendre légèrement, ce qui donne des crêpes moelleuses et moins grumeleuses.

RENDEMENT : 10 À 12 CRÊPES, OU 4 À 6 PORTIONS

½ t (125 ml) de farine tout usage

½ t (125 ml) de farine de sarrasin

½ t (125 ml) de farine de blé entier

1 c. à tab (15 ml) de poudre à pâte

¼ c. à thé (1 ml) de sel

1 gros œuf, légèrement battu

1 t (250 ml) de lait d'amande
à la température ambiante

3 c. à tab (45 ml) d'huile de noix de coco
extra vierge, fondue

2 c. à tab (30 ml) de sirop d'érable pur
ou de miel liquide

½ t (125 ml) de bleuets frais ou surgelés

huile de noix de coco et sirop d'érable, pour servir

① **Préparation de la pâte à crêpes.** Dans un bol, tamiser les farines. Ajouter la poudre à pâte et le sel. Dans un autre bol moyen, mélanger l'œuf, le lait d'amande, l'huile de noix de coco et le sirop d'érable. Ajouter les ingrédients liquides aux ingrédients secs et remuer jusqu'à ce que la pâte soit lisse (ne pas trop mélanger). Incorporer les bleuets en soulevant délicatement la masse. Laisser reposer la pâte de 15 à 20 minutes.

② **Cuisson des crêpes.** Huiler légèrement un poêlon ou une poêle à crêpes et chauffer à feu moyen. À l'aide d'une louche, verser environ ¼ t (60 ml) de la pâte dans le poêlon chaud. Cuire la crêpe pendant environ 2 minutes ou jusqu'à ce que des bulles se forment à la surface. À l'aide d'une spatule, décoller délicatement les bords de la crêpe et la retourner. Poursuivre la cuisson de 1 à 2 minutes ou jusqu'à ce que la crêpe soit dorée. Cuire le reste de la pâte de la même manière. Servir aussitôt, arrosé d'huile de noix de coco et de sirop d'érable.

Brioches à la cannelle

Difficile de trouver plus appétissant qu'une fournée de brioches à la cannelle
toutes chaudes ! Cette recette rapide permet de préparer et de déguster les brioches
le matin même.

RENDEMENT : 12 BRIOCHES

PÂTE À BRIOCHES

¾ t (180 ml) de lait de noix de coco
ou de lait d'amande

¼ t (60 ml) d'huile de noix de coco extra vierge

1 sachet de 8 g de levure sèche active

¼ t (60 ml) de sucre de canne biologique

3 ¼ t (810 ml) de farine tout usage

½ c. à thé (2 ml) de sel

1 gros œuf, légèrement battu

¼ t (60 ml) d'eau à la température ambiante

GARNITURE À LA CANNELLE

1 t (250 ml) de cassonade tassée

1 c. à tab (15 ml) de cannelle moulue

½ t (125 ml) d'huile de noix de coco à la température
ambiante (non liquide)

½ t (125 ml) de pacanes hachées

½ t (125 ml) de raisins secs

(1) **Préparation de la pâte.** Dans une petite casserole,
mélanger le lait et l'huile de noix de coco et cuire à
feu moyen jusqu'à ce que le lait soit tiède et que
l'huile ait complètement fondu. Si le lait est plus
chaud que 90 °F (32 °C), le laisser refroidir pendant
quelques minutes (un lait trop chaud détruirait la
levure). Dans un grand bol ou le bol d'un batteur sur
socle, mélanger la levure, le sucre et le lait tiède.
Laisser reposer pendant 5 minutes ou jusqu'à
l'apparition de bulles. Ajouter 2 t (500 ml) de farine,
le sel, l'œuf et l'eau et bien mélanger. Ajouter petit

à petit le reste de la farine (1 ¼ t/310 ml),
½ t (125 ml) à la fois, en mélangeant bien après
chaque addition, jusqu'à ce que la pâte se décolle
des bords du bol. Déposer la pâte sur une surface
de travail légèrement farinée et la pétrir pendant
environ 5 minutes ou jusqu'à ce qu'elle soit lisse
et élastique. Couvrir la pâte d'un linge à vaisselle
chaud et humide et la laisser reposer pendant
30 minutes.

(2) **Assemblage des brioches.** Graisser légèrement
12 moules à muffins standard. Dégonfler la pâte
avec le poing et la déposer sur une surface
légèrement farinée, puis l'abaisser en un rectangle
de 12 po x 10 po (30 cm x 25 cm). Dans une petite
tasse, mélanger la cassonade, la cannelle et l'huile
de noix de coco. Étendre la garniture à la cannelle
sur la pâte et parsemer des pacanes et des raisins
secs. En commençant par l'un des côtés courts,
rouler le rectangle en un cylindre et pincer la pâte
pour la sceller. À l'aide d'un couteau bien aiguisé,
couper le cylindre en 12 tranches égales et les
disposer dans les moules à muffins. Couvrir et
laisser lever pendant environ 30 minutes ou jusqu'à
ce que les brioches aient doublé de volume.

(3) **Cuisson.** Préchauffer le four à 375 °F (190 °C). Cuire
au four de 20 à 25 minutes ou jusqu'à ce que les
brioches soient dorées. Servir chaud.

Beignes fourrés à la crème

Les beignes font partie des aliments qui sont meilleurs frits, ce qui est difficile à avouer pour la passionnée de santé que je suis. Garnis de crème pâtissière au lait de coco, ces beignes vous rappelleront que même si l'on a une saine alimentation, il est bon de se gâter à l'occasion. Si l'on préfère, on peut remplacer la crème pâtissière par de la confiture.

RENDEMENT : 12 À 16 BEIGNES

CRÈME PÂTISSIÈRE AU LAIT DE COCO

²⁄₃ t (160 ml) de sucre de canne biologique

¹⁄₃ t (80 ml) de farine

½ c. à thé (2 ml) de sel de mer

6 gros jaunes d'œufs biologiques

2 t (500 ml) de lait de coco entier

1 c. à thé (5 ml) de vanille

PÂTE À BEIGNES

2 c. à tab (30 ml) de levure sèche active

½ t (125 ml) de lait d'amande, de soja ou de chanvre non sucré, chaud

2 ½ t (625 ml) de farine tout usage, ou plus au besoin

5 c. à tab (75 ml) de sucre de canne biologique, et un peu plus pour enrober les beignes

2 c. à thé (10 ml) de sel de mer

2 gros œufs

3 c. à tab (45 ml) d'huile de noix de coco extra vierge fondue

huile de canola, pour la friture

① **Préparation de la crème pâtissière.** Placer une passoire fine sur un bol résistant à la chaleur. Réserver. Dans un petit bol, mélanger le sucre, la farine et le sel de mer. Dans un autre bol, à l'aide d'un fouet, bien mélanger les jaunes d'œufs. Ajouter petit à petit le mélange de sucre aux jaunes d'œufs, en fouettant jusqu'à ce que le mélange ait épaissi.

Dans une casserole, chauffer le lait de coco à feu moyen-vif de 3 à 4 minutes ou jusqu'à ce que de la vapeur commence à s'élever de la surface (le lait ne doit pas bouillir). Retirer du feu, ajouter la vanille puis, à l'aide d'un fouet, ajouter graduellement le lait de coco au mélange d'œufs, en fouettant sans arrêt pour éviter de cuire les œufs.

Verser la crème dans la casserole et porter à faible ébullition à feu moyen en fouettant sans arrêt de 3 à 4 minutes. Retirer du feu aussitôt et verser la crème dans la passoire pour la filtrer. Mettre une pellicule de plastique directement sur la surface de la crème pour empêcher la formation d'une peau. Réfrigérer pendant au moins 4 heures ou jusqu'au lendemain.

② **Préparation de la pâte.** Dans le bol d'un batteur sur socle muni du crochet pétrisseur ou dans un grand bol, mélanger la levure et le lait d'amande chaud et laisser reposer de 2 à 5 minutes ou jusqu'à ce que des bulles se forment à la surface. Ajouter la farine, le sucre, le sel et les œufs et mélanger jusqu'à ce que la pâte commence à se tenir et à se détacher des bords du bol, en commençant à basse vitesse et en augmentant graduellement jusqu'à la vitesse moyenne. (Si l'on pétrit la pâte avec les mains, pétrir jusqu'à ce qu'elle soit homogène.) Ajouter l'huile de noix de coco, 1 c. à tab (15 ml) à la fois, en mélangeant bien après chaque addition, jusqu'à ce que la préparation soit complètement homogène. Déposer la pâte sur une surface légèrement farinée et pétrir jusqu'à ce qu'elle soit lisse et élastique, en ajoutant un peu de farine, au besoin, pour l'empêcher de coller. Remettre la pâte dans le bol, couvrir et laisser lever dans un endroit chaud pendant environ 1 ½ heure ou jusqu'à ce que la pâte ait doublé de volume.

③ **Préparation des beignes.** Fariner légèrement une grande plaque de cuisson, un racloir à pâte ou une spatule, et un emporte-pièce circulaire ou un verre. Sur une surface farinée, abaisser la pâte rapidement en un rectangle d'environ ½ po (1 cm) d'épaisseur. À l'aide de l'emporte-pièce fariné, couper de 12 à 16 beignes et, à l'aide du racloir, les déposer sur la plaque de cuisson. Couvrir les beignes d'une pellicule de plastique et les laisser lever de 15 à 30 minutes.

④ **Cuisson des beignes.** Tapisser une grande plaque de cuisson d'essuie-tout. Dans une grande casserole à fond épais, chauffer environ 3 po (8 cm) d'huile de

canola à feu moyen-vif. Lorsqu'un thermomètre à friture ou à confiserie plongé dans l'huile indique 370 °F (188 °C), déposer délicatement les beignes dans l'huile, en veillant à ce qu'ils ne se touchent pas. Faire frire les beignes pendant environ 1 minute ou jusqu'à ce qu'ils soient dorés des deux côtés. À l'aide d'une écumoire, retirer les beignes de la casserole d'huile et les déposer sur la plaque de cuisson tapissée d'essuie-tout. Mettre une petite quantité (½ à 1 t/125 à 250 ml) de sucre dans un bol. Laisser refroidir les beignes suffisamment pour qu'il soit possible de les manipuler, mais qu'ils soient encore chauds, et les enrober délicatement de sucre. Laisser refroidir complètement, environ 45 minutes.

⑤ **Remplissage des beignes.** Mettre la crème pâtissière au lait de coco dans une poche à douille munie d'un petit embout rond. À l'aide du bout d'un couteau bien aiguisé ou d'une brochette, percer le côté de chaque beigne. Insérer l'embout de la poche à douille dans le trou et remplir chaque beigne de plusieurs cuillerées à table de crème pâtissière au lait de coco. Servir aussitôt.

Quiche lorraine sans produits laitiers

Les œufs produits de manière conventionnelle ne peuvent tout simplement pas rivaliser avec les œufs biologiques pour ce qui est du goût. Si vous n'avez pas l'habitude d'acheter bio, je suggère d'essayer pour ce plat. Pour une croûte feuilletée à souhait, assurez-vous que tous les ingrédients soient très froids.

RENDEMENT : UNE QUICHE DE 9 PO (23 CM) DE DIAMÈTRE, OU 8 PORTIONS

CROÛTE À TARTE

1 ¼ t (310 ml) de farine tout usage

1 c. à thé (5 ml) de sucre de canne biologique

½ c. à thé (2 ml) de sel

½ t (125 ml) de margarine de soja non hydrogénée, coupée en cubes et très froide

2 à 4 c. à tab (30 à 60 ml) d'eau très froide

GARNITURE AUX ŒUFS

½ lb (250 g) de bacon de dinde biologique sans nitrates

6 gros œufs, idéalement biologiques

1 ½ t (375 ml) de lait de soja nature non sucré

½ c. à thé (2 ml) de poivre noir fraîchement moulu

¼ c. à thé (1 ml) de sel

1 t (250 ml) de Fromage de noix de cajou (page 58) ou autre fromage sans produits laitiers, râpé

(1) **Préparation de la pâte à tarte.** Dans un bol, tamiser la farine, le sucre et le sel. Ajouter la margarine de soja et, à l'aide d'un coupe-pâte ou avec les doigts, travailler la préparation jusqu'à ce qu'elle ait la texture d'une chapelure grossière. Ajouter l'eau froide, 1 c. à tab (15 ml) à la fois, jusqu'à ce que la pâte commence à se tenir, sans être ni trop collante ni trop sèche. Sur une surface légèrement farinée, pétrir la pâte pendant environ 1 minute ou jusqu'à l'obtention d'une texture soyeuse. Envelopper la pâte d'une pellicule de plastique et réfrigérer de 1 à 2 heures. (Si la pâte est réfrigérée plus longtemps ou congelée, la laisser tempérer avant de l'abaisser.)

(2) **Préparation de la croûte.** Préchauffer le four à 375 °F (190 °C). Graisser légèrement un moule à tarte de 9 po (23 cm) de diamètre avec de la margarine de soja. Déposer la pâte sur une surface légèrement farinée. À l'aide d'un rouleau à pâte, abaisser la pâte à environ ⅛ po (3 mm) d'épaisseur et la déposer avec précaution dans le moule. Presser délicatement l'abaisse dans le fond et sur les côtés du moule, plier l'excédent sous l'abaisse et canneler le pourtour. À l'aide d'une fourchette, piquer l'abaisse sur toute sa surface, puis la mettre au congélateur pendant la préparation de la garniture.

(3) **Préparation de la garniture.** Dans un poêlon à fond épais, cuire le bacon à feu moyen de 5 à 7 minutes ou jusqu'à ce qu'il soit croustillant, en le retournant au besoin. Déposer le bacon sur une assiette tapissée d'essuie-tout pour le laisser égoutter, puis le hacher grossièrement. Entre-temps, à l'aide d'un fouet, mélanger les œufs dans un bol. Ajouter le lait de soja, le poivre et le sel, et bien mélanger. À l'aide du fouet, incorporer la moitié du fromage. Retirer la croûte à tarte du congélateur. Parsemer l'abaisse du bacon haché, puis du reste du fromage. Avec précaution, verser la garniture dans l'abaisse, sur le bacon et le fromage.

(4) **Cuisson de la quiche.** Cuire au centre du four de 35 à 40 minutes ou jusqu'à ce que la garniture ait pris, sans plus. Laisser refroidir la quiche pendant 15 minutes. Servir chaud.

Granola maison garni de yogourt et de fruits

Rien n'embaume la maison comme la cuisson de ce granola au parfum de cannelle. Cette recette donne une grande quantité de granola, qui se conservera jusqu'à deux mois à la température ambiante, dans un contenant hermétique. Avec du yogourt maison au lait d'amande et des fruits, voilà un déjeuner rapide et santé.

RENDEMENT : 14 À 15 T (3,5 À 3,75 L), OU ENVIRON 25 PORTIONS

GRANOLA À LA CANNELLE

8 t (2 L) de flocons d'avoine

1 t (250 ml) de millet

½ t (125 ml) de germe de blé

1 t (250 ml) d'amandes hachées finement

1 t (250 ml) de pacanes hachées finement

1 t (250 ml) de graines de tournesol crues

½ t (125 ml) de cassonade biologique tassée

1 c. à tab (15 ml) de cannelle moulue

1 ½ c. à thé (7 ml) de sel

½ t (125 ml) d'huile de noix de coco fondue

½ t (125 ml) d'huile de canola

1 t (250 ml) de sirop d'érable

1 c. à thé (5 ml) de vanille

2 t (500 ml) de canneberges séchées ou d'autres fruits secs

GARNITURES

bananes tranchées

fraises fraîches, équeutées et coupées en deux

Yogourt d'amande (page 64), pour servir

miel ou sirop d'érable, au goût (facultatif)

① **Préparation du granola.** Préchauffer le four à 325 °F (160 °C). Huiler légèrement deux grandes plaques de cuisson. Dans un grand bol, bien mélanger les flocons d'avoine, le millet, le germe de blé, les amandes, les pacanes, les graines de tournesol, la cassonade, la cannelle et le sel. Dans un autre bol, à l'aide d'un fouet, mélanger l'huile de noix de coco, l'huile de canola, le sirop d'érable et la vanille. Verser les ingrédients liquides sur le mélange d'avoine et de noix et mélanger pour bien l'enrober. Répartir le mélange sur les deux plaques de cuisson et cuire de 20 à 30 minutes en tournant les plaques à la mi-cuisson. Laisser refroidir complètement sur les plaques, puis transvider dans un grand bol et incorporer les canneberges séchées. Conserver le granola à la température ambiante dans un contenant hermétique.

② **Service.** Servir le granola garni de tranches de bananes, de fraises, de yogourt au lait d'amande et d'un soupçon de miel, si désiré.

Casserole de pain doré

La hallah (ou challah) est un pain brioché aux œufs de tradition juive, qui est presque toujours sans produits laitiers. Dense et riche, ce pain est idéal pour la confection d'un plat de pain doré cuit au four. Comme cette recette se prépare la veille, elle est parfaite pour le brunch du week-end : le matin même, il ne reste qu'à parsemer le plat de la garniture à l'érable et à le mettre au four.

6 À 8 PORTIONS

PAIN DORÉ

1 grosse miche de pain hallah (environ 14 à 16 oz/397 à 454 g), coupée en tranches de 1 po (2,5 cm) d'épaisseur

9 gros œufs biologiques

1 ½ t (375 ml) de lait de coco entier

1 ½ t (375 ml) de lait d'amande nature non sucré

2 c. à tab (30 ml) de sucre de canne biologique (facultatif)

1 c. à thé (5 ml) de vanille

½ c. à thé (2 ml) de cannelle moulue

⅛ c. à thé (0,5 ml) de sel

GARNITURE À L'ÉRABLE

½ t (125 ml) d'huile de noix de coco à la température ambiante

¼ t (60 ml) de cassonade tassée

¼ t (60 ml) de sirop d'érable pur, et un peu plus pour servir

½ t (125 ml) de pacanes hachées finement

1) **Préparation du pain.** Graisser un plat allant au four de 9 po x 13 po (23 cm x 33 cm) avec de l'huile de noix de coco. Disposer les tranches de pain en une seule couche dans le plat, en les faisant se chevaucher. Dans un grand bol, à l'aide d'un fouet, battre les œufs légèrement. Ajouter le lait de coco, le lait d'amande, le sucre, si désiré, la vanille, la cannelle et le sel et fouetter jusqu'à l'obtention d'un mélange homogène. Verser le mélange d'œufs uniformément sur les tranches de pain. Couvrir le plat d'une pellicule de plastique et réfrigérer pendant toute la nuit.

2) **Préparation de la garniture et cuisson.** Préchauffer le four à 350 °F (180 °C). Dans un petit bol, mélanger l'huile de noix de coco, la cassonade, le sirop d'érable et les pacanes. Retirer le plat du réfrigérateur et parsemer uniformément de la garniture. Cuire au four préchauffé de 35 à 45 minutes ou jusqu'à ce que le pain soit gonflé et doré. Servir aussitôt, avec un peu de sirop d'érable.

Scones à l'érable et aux noix

Débordants de saveur, ces scones égayeront votre automne. Les noix de Grenoble et la farine de blé entier, le sirop d'érable et la noix de coco confèrent à cette douceur une saveur riche qui impressionnera tous les gourmands, y compris les inconditionnels des produits laitiers.

RENDEMENT : 8 À 10 SCONES

1 ¾ t (430 ml) de farine à pâtisserie de blé entier

½ t (125 ml) de farine tout usage

1 t (250 ml) de flocons d'avoine

½ t (125 ml) de noix de Grenoble hachées finement

2 c. à tab (30 ml) de poudre à pâte

½ c. à thé (2 ml) de sel de mer

½ t (125 ml) de margarine de soja non hydrogénée, à la température ambiante

¼ t (60 ml) d'huile de noix de coco non raffinée, à la température ambiante

½ t (125 ml) de lait de coco

⅓ t (80 ml) de sirop d'érable pur, à la température ambiante

crème de noix de coco, pour badigeonner

¼ à ⅓ t (60 à 80 ml) de sucre de canne non raffiné, pour parsemer

¼ t (60 ml) de cassonade, pour garnir

① **Préparation de la pâte.** Préchauffer le four à 400 °F (200 °C). Tapisser une grande plaque de cuisson de papier-parchemin et réserver. Au robot culinaire, bien mélanger les farines, les flocons d'avoine, les noix de Grenoble, la poudre à pâte et le sel de mer. Ajouter la margarine, 1 c. à tab (15 ml) à la fois, et l'huile de noix de coco et mélanger en activant et en arrêtant successivement l'appareil jusqu'à ce que la préparation ait la texture d'une chapelure grossière. Dans un petit bol, à l'aide d'un fouet, mélanger le lait de coco et le sirop d'érable. Verser petit à petit ce liquide sur le mélange de farine et mélanger en activant et en arrêtant successivement l'appareil jusqu'à ce que la pâte commence à se tenir.

② **Préparation des scones.** Sur une surface farinée, abaisser la pâte en un rectangle d'environ 1 po (2,5 cm) d'épaisseur. À l'aide d'un racloir à pâte ou d'un couteau bien aiguisé fariné, couper les côtés de l'abaisse pour les égaliser. Couper le rectangle de pâte en 8 à 10 triangles ou carrés, en farinant le racloir au besoin. À l'aide d'une spatule, déposer les scones sur la plaque de cuisson en les espaçant d'environ 2 po (5 cm). Badigeonner les scones de crème de noix de coco, puis parsemer généreusement de sucre de canne.

③ **Cuisson.** Cuire au four pendant 20 minutes ou jusqu'à ce que les scones soient dorés. Parsemer aussitôt de la cassonade, puis laisser refroidir légèrement avant de servir. Servir chaud ou à la température ambiante.

Quiche aux légumes facile

Cette délicieuse quiche sans produits laitiers, sans gluten et sans soja fera le bonheur des personnes qui souffrent d'allergies alimentaires. Sa croûte qui n'a pas besoin d'être abaissée au rouleau facilitera la vie des cuisiniers pressés. Vous pouvez personnaliser la garniture en ajoutant les herbes fraîches et les légumes de saison que vous préférez.

RENDEMENT : UNE QUICHE DE 9 PO (23 CM) DE DIAMÈTRE, OU 8 PORTIONS

CROÛTE À TARTE AU SARRASIN

1½ t (375 ml) de farine de sarrasin

½ c. à thé (2 ml) de sel

½ t (125 ml) d'huile de noix de coco extra vierge, à la température ambiante

2 à 3 c. à tab (30 à 45 ml) d'eau à la température ambiante

GARNITURE AUX LÉGUMES

2 c. à tab (30 ml) d'huile de noix de coco

1 oignon jaune haché finement

2 gousses d'ail hachées finement

1 poivron rouge épépiné et haché ou coupé en tranches

1 t (250 ml) de champignons café coupés en tranches

¼ t (60 ml) de basilic frais, haché finement

6 gros œufs biologiques

1½ t (375 ml) de lait de soja

½ c. à thé (2 ml) de sel de mer

1 t (250 ml) de petites feuilles d'épinards, équeutées

1. **Préparation de la pâte à tarte.** Au robot culinaire, mélanger la farine de sarrasin et le sel. Ajouter l'huile de noix de coco et mélanger en activant et en arrêtant successivement l'appareil. Ajouter l'eau, 1 c. à tab (15 ml) à la fois, jusqu'à ce que la pâte commence à se tenir.

2. **Préparation de la croûte.** Préchauffer le four à 375 °F (190 °C). Huiler légèrement un moule à tarte de 9 po (23 cm) de diamètre. Avec les doigts, presser la pâte dans le moule le plus uniformément possible. Mettre le moule au congélateur pendant la préparation de la garniture.

3. **Préparation de la garniture.** Dans un poêlon à fond épais, chauffer l'huile de noix de coco à feu moyen. Ajouter l'oignon haché et l'ail et cuire, en brassant souvent, de 3 à 5 minutes ou jusqu'à ce que l'oignon soit tendre et translucide. Ajouter le poivron rouge et poursuivre la cuisson de 1 à 2 minutes, puis ajouter les champignons. Poursuivre la cuisson en brassant souvent de 2 à 3 minutes. Retirer le poêlon du feu et ajouter le basilic frais. Réserver. Dans un grand bol, à l'aide d'un fouet, mélanger les œufs. Ajouter le lait de soja et le sel et fouetter jusqu'à ce que le mélange soit homogène. Ajouter les épinards aux autres légumes dans le poêlon, puis transvider les légumes dans le moule à tarte en les répartissant de manière uniforme. Verser le mélange d'œufs sur les légumes.

4. **Cuisson.** Cuire au four de 35 à 45 minutes ou jusqu'à ce que la quiche soit légèrement dorée et que la garniture ait pris. Laisser refroidir la quiche pendant 15 minutes. Servir chaud.

Pancakes végétaliens de trois façons

Ces petites crêpes végétaliennes sans produits laitiers doivent à l'huile de noix de coco leur texture riche et fondante. Savourez-les nature ou essayez les variantes aux fraises, à la citrouille et aux bananes.

RENDEMENT : 10 À 12 CRÊPES, OU 4 PORTIONS

PÂTE À CRÊPES

1 ²/₃ t (410 ml) de farine tout usage

2 c. à tab (30 ml) plus 2 c. à thé (10 ml) de sucre de canne biologique

1 c. à tab (15 ml) de poudre à pâte

¾ c. à thé (4 ml) de sel de mer

1 ²/₃ t (410 ml) de lait d'amande

2 c. à tab (30 ml) d'huile de noix de coco fondue

½ c. à thé (2 ml) de vanille

GARNITURE AUX FRAISES

1 t (250 ml) de fraises fraîches, équeutées et hachées

GARNITURE À LA CITROUILLE

¹/₃ t (80 ml) de purée de citrouille

1 c. à thé (5 ml) de cannelle moulue

½ c. à thé (2 ml) de gingembre moulu

GARNITURE AUX BANANES

1 c. à thé (5 ml) de cannelle moulue

2 bananes coupées en rondelles

sirop d'érable ou sucre glace, pour servir

1. **Préparation de la pâte à crêpes.** Dans un grand bol, mélanger la farine, le sucre, la poudre à pâte et le sel. Dans un petit bol, à l'aide d'un fouet, mélanger le lait d'amande, l'huile de noix de coco et la vanille. (Pour la variante à la citrouille, ajouter aussi la purée de citrouille, la cannelle et le gingembre à cette étape.) Verser les ingrédients liquides sur les ingrédients secs et mélanger jusqu'à l'obtention d'une consistance homogène, sans plus. Laisser reposer la pâte à la température ambiante pendant 10 minutes pour permettre au gluten de se détendre. (Pour la variante aux fraises, à l'aide d'une spatule ou d'une cuillère de bois, incorporer les fraises en soulevant délicatement la masse. Pour la variante aux bananes, incorporer la cannelle, puis les bananes en soulevant délicatement la masse.)

2. **Cuisson des crêpes.** Huiler légèrement une poêle à crêpes et la chauffer à feu moyen-vif. À l'aide d'une louche, verser environ ¼ t (60 ml) de pâte dans la poêle. Cuire de 1 à 2 minutes ou jusqu'à ce que des bulles se forment sur le dessus et que le pourtour soit doré et croustillant. Retourner la crêpe et poursuivre la cuisson de 1 à 2 minutes ou jusqu'à ce qu'elle soit dorée. Cuire le reste de la pâte de la même manière. Servir aussitôt, avec un soupçon de sirop d'érable.

Chapitre 10

HORS-D'ŒUVRE, ENTRÉES ET POTAGES

COMME LES DESSERTS, les hors-d'œuvre constituent un défi de taille pour les personnes qui ne consomment pas de produits laitiers. En effet, la plupart des amuse-gueules et grignotines contiennent du fromage et les populaires trempettes sont souvent à base de fromage à la crème, de crème sure ou de lait.

Mais les hors-d'œuvre et entrées peuvent aussi être festifs et riches sans être bourrés de mauvais gras et d'ingrédients artificiels. Les recettes proposées dans ce chapitre sont à base de noix, de noix de coco et de soja et permettent de cuisiner des petits régals plus santé, pour toutes les occasions.

Trempette au fromage de noix de cajou

Cette trempette crémeuse et savoureuse est parfaite avec des croustilles de maïs nature ou des crudités, en entrée ou comme grignotine. Pour moudre plus facilement les noix au mélangeur, vous pouvez d'abord les faire tremper pendant toute une nuit : elles seront alors plus tendres.

RENDEMENT : 3 T (750 ML), OU 8 À 10 PORTIONS

2½ t (625 ml) de lait d'amande non sucré

1 c. à tab (15 ml) de fécule de maïs

¼ t (60 ml) de jus de citron

¼ t (60 ml) de levure alimentaire

½ c. à thé (2 ml) de poudre d'ail

¼ c. à thé (1 ml) de curcuma

2 c. à tab (30 ml) de tahini

1½ t (375 ml) de noix de cajou moulues finement

½ t (125 ml) de salsa piquante du commerce, égouttée

¼ c. à thé (1 ml) de sel de mer, ou plus au goût

(1) **Préparation du lait d'amande.** Dans un petit bol ou une tasse, verser 1 t (250 ml) du lait d'amande. Ajouter la fécule de maïs et mélanger. Réserver.

(2) **Cuisson.** Dans une petite casserole, mélanger le reste du lait d'amande (1 ½ t/375 ml), le jus de citron, la levure alimentaire, la poudre d'ail, le curcuma et le tahini. Chauffer à feu moyen en brassant, puis ajouter les noix de cajou moulues et le mélange de lait d'amande réservé. Cuire de 1 à 2 minutes en brassant souvent, puis ajouter la salsa et le sel. Poursuivre la cuisson en brassant souvent jusqu'à ce que la trempette commence à épaissir (la trempette épaissira davantage en refroidissant). Retirer la casserole du feu et verser la trempette dans un bol résistant à la chaleur. (Si l'on prépare la trempette à l'avance, couvrir directement la surface d'une pellicule de plastique avant de la mettre au réfrigérateur pour éviter la formation d'une peau.) Servir chaud ou froid.

Piments jalapeños farcis au fromage de noix de cajou

Cuits au four et farcis d'ingrédients sains, ces savoureux piments peuvent être dégustés sans aucun sentiment de culpabilité. Contrairement à la plupart des chapelures du commerce, la chapelure de type panko est presque toujours exempte de produits laitiers. Si vous n'avez pas de chapelure panko, vous pouvez faire une chapelure maison très facilement : il suffit de réduire en miettes quelques tranches de pain rassis au robot culinaire ou au mélangeur.

RENDEMENT : 24 DEMI-PIMENTS FARCIS, OU 6 À 10 PORTIONS

PIMENTS FARCIS

12 gros piments jalapeños

1 gros avocat mûr, coupé en deux

¼ t (60 ml) de coriandre fraîche, hachée finement

1 c. à tab (15 ml) de jus de citron fraîchement pressé

¼ à ½ c. à thé (1 à 2 ml) de piment de Cayenne, ou plus au goût

½ c. à thé (2 ml) de sel de mer

2 t (500 ml) de Fromage de noix de cajou râpé (page 58)

PANURE

½ t (125 ml) de farine

2 gros œufs

3 c. à tab (45 ml) de lait d'amande ou de lait de coco

1 ½ t (375 ml) de chapelure japonaise (de type panko)

2 c. à tab (30 ml) de paprika

1 c. à tab (15 ml) de sel de mer

1 c. à tab (15 ml) de piment de Cayenne, ou plus au goût

1 c. à tab (15 ml) de poudre d'oignon

1 c. à tab (15 ml) de levure alimentaire

① **Préparation de la plaque de cuisson.** Préchauffer le four à 450 °F (230 °C). Huiler légèrement une grande plaque de cuisson. Réserver.

② **Préparation des piments.** À l'aide d'un couteau d'office bien aiguisé, couper les piments en deux sur la longueur. Retirer les graines, la tige et les membranes des piments. (Si l'on a les mains gercées, mettre des gants pour éviter de se brûler.) À l'aide d'une cuillère, retirer la chair de l'avocat et la mettre dans un petit bol. Ajouter la coriandre, le jus de citron, le piment de Cayenne et le sel et bien mélanger en écrasant l'avocat à la fourchette. Incorporer le fromage de noix de cajou. À l'aide d'une cuillère, remplir les demi-piments de cette garniture.

③ **Préparation de la panure.** Mettre la farine dans un petit bol. Dans un autre petit bol, à l'aide d'un fouet, mélanger les œufs et le lait d'amande jusqu'à ce que la préparation soit homogène. Dans un troisième petit bol, mélanger la chapelure, le paprika, le sel, le piment de Cayenne, la poudre d'oignon et la levure alimentaire.

④ **Enrobage et cuisson des piments farcis.** En retenant bien la garniture avec les doigts, passer les piments dans la farine et les retourner pour bien les enrober. Les passer ensuite dans le mélange d'œufs de la même manière, puis dans le mélange de chapelure en les pressant et en les retournant pour bien les enrober. Déposer les piments sur la plaque de cuisson au fur et à mesure, le côté farci vers le haut. Cuire au four préchauffé de 15 à 20 minutes ou jusqu'à ce que les piments soient dorés. Servir aussitôt.

Trempette crémeuse aux épinards

Cette trempette doit sa texture crémeuse à la crème sure de noix de coco, au lait d'amande et à la pomme de terre. Une recette idéale pour passer un reste de pommes de terre au four : lorsque je prépare les Pelures de pommes de terre garnies (page 145), j'en prévois toujours une en extra pour faire cette trempette.

RENDEMENT : 4 T (1 L), OU 8 À 12 PORTIONS

1 c. à tab (15 ml) d'huile d'olive

1 gros oignon jaune, haché finement

3 gousses d'ail hachées finement

1 boîte (14 oz/398 ml) de cœurs d'artichauts, égouttés et hachés grossièrement

2 t (500 ml) de petites feuilles d'épinards, équeutées et hachées grossièrement

¾ t (180 ml) de lait d'amande, de lait de soja ou de lait de chanvre

1 t (250 ml) de Crème sure de noix de coco (page 57)

1 pomme de terre au four, pelée

1 t (250 ml) de Fromage de noix de cajou, râpé (page 58), en tout

sel de mer et poivre fraîchement moulu

① **Préparation du plat de cuisson.** Préchauffer le four à 425 °F (220 °C). Huiler légèrement un plat carré allant au four de 8 po (20 cm) de côté. Réserver.

② **Cuisson des légumes.** Dans une grande casserole ou une grosse cocotte en métal, chauffer l'huile d'olive à feu moyen. Ajouter l'oignon et l'ail et cuire, en brassant souvent, de 3 à 5 minutes ou jusqu'à ce que l'oignon soit tendre. Ajouter les cœurs d'artichauts et poursuivre la cuisson, en brassant, pendant 1 minute. Ajouter les épinards, une poignée à la fois, et poursuivre la cuisson en brassant pendant 4 minutes ou jusqu'à ce que tous les épinards aient été ajoutés. Mettre les légumes dans une passoire et égoutter en pressant pour enlever le surplus d'eau. Remettre les légumes dans la casserole. Ajouter le lait d'amande et la crème sure de noix de coco et mélanger pour bien enrober les ingrédients.

③ **Préparation et cuisson de la trempette.** Mettre la moitié du mélange de légumes et la pomme de terre dans la jarre d'un mélangeur. Mélanger jusqu'à ce que la préparation soit crémeuse et homogène. Remettre le mélange de légumes dans la casserole. Incorporer ½ t (125 ml) du fromage. Saler et poivrer au goût. Verser la trempette dans le plat réservé et parsemer du reste du fromage (½ t/125 ml). Cuire au four de 20 à 25 minutes ou jusqu'à ce que le fromage soit doré. Servir chaud.

Nachos de luxe sans produits laitiers

Ce gueuleton ne se prend pas au sérieux : toutes les substitutions et tous les ajouts sont permis ! N'hésitez pas à modifier la recette selon vos goûts, en ajoutant des haricots frits, du bœuf haché biologique, du sans-viande ou même de la mangue.

6 À 8 PORTIONS

SAUCE AU FROMAGE

2 t (500 ml) de noix de cajou crues

1 t (250 ml) de pignons crus

3 c. à tab (45 ml) de jus de citron

½ c. à thé (2 ml) de poudre d'ail

½ c. à thé (2 ml) de poudre d'oignon

2 c. à thé (10 ml) de sel de mer, ou plus au goût

½ t (125 ml) de levure alimentaire

3½ t (875 ml) de lait d'amande, de lait de noix de cajou ou de lait de soja nature non sucré

GUACAMOLE

3 gros avocats, pelés et dénoyautés

2 c. à tab (30 ml) de jus de lime fraichement pressé

1 c. à thé (5 ml) de sel de mer

½ t (125 ml) d'oignon rouge coupé en dés

¼ t (60 ml) de coriandre fraîche, hachée finement

1 tomate hachée

CROUSTILLES ET GARNITURES

1 sac (240 g) de croustilles de maïs nature (essayer les croustilles de maïs bleu biologiques)

1 t (250 ml) de salsa douce

1 petite laitue, déchiquetée ou hachée

2 t (500 ml) de tomates hachées

2 t (500 ml) d'olives noires coupées en tranches

1 t (250 ml) de Crème sure de noix de cajou (page 57) ou de noix de coco (page 57)

oignons verts hachés, pour garnir

① **Préparation de la sauce au fromage.** Au mélangeur, moudre finement les noix de cajou et les pignons. Ajouter le jus de citron, la poudre d'ail, la poudre d'oignon, le sel, la levure alimentaire et la moitié du lait d'amande, et mélanger jusqu'à ce que la préparation soit crémeuse, en ajoutant du lait au besoin. Verser la sauce au fromage dans une petite casserole. Ajouter le reste du lait végétal et remuer pour mélanger. Chauffer à feu moyen-vif de 2 à 4 minutes ou jusqu'à ce que la sauce soit chaude et ait légèrement épaissi. Retirer du feu et laisser refroidir légèrement.

② **Préparation du guacamole.** Dans un petit bol, à l'aide d'une fourchette, écraser ensemble les avocats, le jus de lime, le sel, l'oignon rouge et la coriandre jusqu'à ce que le guacamole soit crémeux. Incorporer la tomate.

③ **Préparation des nachos.** Dans une grande assiette de service, disposer une couche de croustilles (la disposition n'a pas besoin d'être parfaitement uniforme). Arroser d'un peu de sauce au fromage. Garnir de la moitié de la salsa, de la moitié du guacamole, de la moitié de la laitue, de la moitié des tomates et de la moitié des olives noires. Ajouter une couche de croustilles, verser le reste de la sauce au fromage sur le dessus, puis couvrir du reste de la salsa, du guacamole, de la laitue, des tomates et des olives. Garnir de crème sure et d'oignons verts. Servir aussitôt.

Bûchettes de fromage sans produits laitiers de trois façons

Ces bûchettes festives font toujours fureur auprès des invités. Savoureuses, colorées et débordant d'éléments nutritifs, elles se préparent rapidement malgré la longue liste d'ingrédients.

RENDEMENT : 3 BÛCHETTES DE FROMAGE DE 3 PO X 5 PO (8 CM X 13 CM), OU 15 À 20 PORTIONS

BASE AU FROMAGE

2 t (500 ml) de noix de cajou crues

½ t (125 ml) de noix de macadam crues

½ t (125 ml) de levure alimentaire

1 c. à thé (5 ml) de sel

3 t (750 ml) de lait de coco entier

½ t (125 ml) de lait d'amande non sucré

½ t (125 ml) de flocons d'agar-agar (un paquet de 1 oz/28 g)

½ t (125 ml) d'huile de canola ou de noix de coco

¼ t (60 ml) de miso blanc

2 c. à tab (30 ml) de jus de citron fraîchement pressé

BÛCHETTE AUX TOMATES SÉCHÉES

¼ t (60 ml) de tomates séchées conservées dans l'huile d'olive, hachées

½ c. à thé (2 ml) d'origan séché

½ c. à thé (2 ml) de poudre d'ail

1 t (250 ml) de ciboulette fraîche, hachée finement

1 pincée de sel

½ t (125 ml) de persil italien frais, haché finement

BÛCHETTE AUX CANNEBERGES ET AUX PACANES

1 t (250 ml) de canneberges séchées, hachées finement

1 t (250 ml) de pacanes hachées finement

BÛCHETTE AUX PISTACHES

1 t (250 ml) de pistaches non salées, hachées

① **Préparation des noix.** Au mélangeur ou au robot culinaire, moudre très finement les noix de cajou et de macadam. Incorporer la levure et le sel en activant et en arrêtant l'appareil. Réserver.

② **Préparation de la base au fromage.** Dans une casserole moyenne, mélanger le lait de coco et d'amande, l'agar-agar et l'huile. Porter à ébullition à feu moyen-vif en brassant sans arrêt, puis réduire à feu moyen. Poursuivre la cuisson en brassant fréquemment pendant environ 10 minutes ou jusqu'à ce que la préparation ait légèrement épaissi. Au début, le mélange se sépare, mais il devient plus homogène une fois cuit. Retirer du feu. Au mélangeur ou au robot, mélanger la préparation au lait et les noix moulues. Ajouter le miso et le jus de citron et mélanger jusqu'à ce que la préparation soit homogène.

③ **Préparation des bûchettes et réfrigération.** Tapisser trois minimoules à pain de pellicule de plastique, en laissant dépasser un excédent d'environ 2 po (5 cm) tout autour. Lisser la pellicule. Répartir les deux tiers de la préparation de fromage dans deux des moules, puis utiliser le reste pour préparer la bûchette aux tomates séchées. Ajouter les tomates séchées, l'origan, la poudre d'ail, ¼ t (60 ml) de ciboulette et le sel au reste de la préparation au fromage et mélanger jusqu'à ce qu'elle soit homogène, sans plus. Verser le mélange dans le troisième moule, couvrir les trois bûchettes et réfrigérer jusqu'au lendemain.

④ **Enrobage des bûchettes.** Préparer trois petits bols. Dans le premier, mélanger le reste de la ciboulette (¾ t/180 ml) et le persil. Dans le deuxième, mélanger les canneberges et les pacanes. Dans le troisième, mettre les pistaches. Démouler les bûchettes en s'aidant de la pellicule de plastique et les retourner sur une planche à découper. Passer la bûchette aux tomates séchées dans le mélange de ciboulette, en la pressant pour bien l'enrober. Passer l'une des deux bûchettes nature dans le mélange de canneberges et l'autre dans les pistaches. Dans un contenant hermétique, les bûchettes au fromage végétal se conserveront jusqu'à 1 semaine au réfrigérateur. Servir froid.

Figues farcies au fromage bleu de noix de cajou

Exquises et débordantes de saveur, ces petites bouchées agrémenteront tout buffet de manière spectaculaire. Elles seront particulièrement savoureuses si on les prépare avec des figues de saison, en fin d'été et au début de l'automne.

8 PORTIONS

8 oz (250 g) de figues fraîches

1½ t (375 ml) de Fromage bleu de noix de cajou (page 62), râpé ou émietté

¼ t (60 ml) d'huile d'olive

¼ t (60 ml) de miel ou de sirop d'érable

gros sel de mer

① **Préparation de la plaque de cuisson.** Préchauffer le four à 400 °F (200 °C). Tapisser une grande plaque de cuisson de papier-parchemin. Réserver.

② **Préparation des figues.** À l'aide d'un couteau d'office bien aiguisé, faire une incision en forme de X à la base de chaque figue (ne pas couper la tige). Pincer le dessous de chaque figue de manière à l'ouvrir à l'endroit de l'incision, puis remplir la cavité de 1 à 2 c. à tab (15 à 30 ml) du fromage. Refermer la cavité et déposer les figues sur la plaque de cuisson au fur et à mesure.

③ **Cuisson.** Dans un petit bol, à l'aide d'un fouet, mélanger l'huile d'olive et le miel. Badigeonner les figues de cette préparation. Parsemer de gros sel et cuire au centre du four de 10 à 12 minutes ou jusqu'à ce que le miel commence à caraméliser. Mettre la plaque de cuisson sur une grille et laisser les figues refroidir complètement sur la plaque.

Gougères parfumées aux herbes

Cette interprétation du classique bourguignon propulse la cuisine sans produits laitiers à un niveau gastronomique. Ces petites bouchées feuilletées au fromage et aux herbes sont riches à souhait et fondent dans la bouche.

RENDEMENT : 40 GOUGÈRES, OU 10 À 20 PORTIONS

½ t (125 ml) plus 1 c. à tab (15 ml) d'eau

½ t (125 ml) de lait de soja ou d'amande nature non sucré

1 c. à thé (5 ml) de sel de mer

1 c. à tab (15 ml) de sucre de canne non raffiné

5 c. à tab (75 ml) de margarine de soja

3 c. à tab (45 ml) d'huile de noix de coco

1¼ t (310 ml) de farine tout usage

5 gros œufs, légèrement battus

1 t (250 ml) de Fromage de noix de cajou, râpé (page 58)

poivre fraîchement moulu

2 c. à tab (30 ml) de coriandre fraîche, hachée finement

2 c. à tab (30 ml) de persil frais, haché finement

2 c. à tab (30 ml) de ciboulette fraîche, hachée finement

1 gros œuf, légèrement battu, pour badigeonner

1 **Préparation de la plaque de cuisson.** Préchauffer le four à 400 °F (200 °C). Tapisser une plaque de cuisson de papier-parchemin. Réserver.

2 **Préparation de la pâte.** Dans une petite casserole, mélanger l'eau, le lait de soja, le sel, le sucre, la margarine et l'huile de noix de coco et porter à faible ébullition à feu vif. Retirer du feu, ajouter la farine et, à l'aide d'une cuillère de bois, mélanger vigoureusement de 1 à 2 minutes. Remettre la casserole sur le feu et continuer de brasser vigoureusement jusqu'à ce que la préparation forme une boule qui se décolle des parois de la casserole. Mettre la pâte dans un grand bol. Ajouter les œufs battus graduellement, en mélangeant bien après chaque addition, jusqu'à ce que la pâte soit lisse.

3 **Ajout des fines herbes.** Dans un petit bol, mélanger le fromage râpé, le poivre et les fines herbes. Incorporer le mélange de fromage à la pâte en brassant jusqu'à ce que la pâte soit homogène, sans plus.

4 **Préparation des gougères.** À l'aide d'une cuillère, mettre la pâte dans une poche à douille munie d'un embout rond. Presser la pâte sur la plaque de cuisson en environ 40 boules de 1 po (2,5 cm), en les espaçant de 1 à 2 po (2,5 à 5 cm). Badigeonner les boules de pâte d'œuf battu. Cuire au four de 20 à 30 minutes ou jusqu'à ce que les gougères soient gonflées et dorées. Servir chaud ou à la température ambiante.

Miniquiches à l'italienne

On trouve la pâte phyllo dans les supermarchés, au rayon des produits surgelés. Elle est presque toujours exempte de produits laitiers. Si vous êtes pressé, ou pour une variante sans gluten, il suffit d'omettre la pâte phyllo, de cuire les quiches sans croûte et de les accompagner de craquelins sans gluten et sans produits laitiers.

RENDEMENT : 24 MINIQUICHES, OU 12 À 24 PORTIONS

CROÛTES DE PÂTE PHYLLO

huile de noix de coco fondue, pour badigeonner
1 paquet (1 lb/454 g) de pâte phyllo décongelée

GARNITURE AUX ŒUFS

6 gros œufs biologiques
1½ t (375 ml) de lait de soja nature non sucré
2 gousses d'ail hachées finement
½ t (125 ml) de basilic frais, haché finement
½ c. à thé (2 ml) de sel de mer
1 t (250 ml) de Fromage de noix de cajou râpé
  (page 58) ou autre fromage sans produits laitiers
24 à 36 tomates cerises ou tomates raisins
  coupées en deux

(1) **Préparation des moules.** Préchauffer le four à 375 °F (190 °C). Graisser légèrement 24 moules à muffins standard avec de l'huile de noix de coco. Couper la pâte phyllo en carrés d'environ 6 po x 6 po (15 cm x 15 cm) et déposer les carrés sur une surface de travail propre. Pendant que l'on manipule la pâte phyllo, couvrir le reste des feuilles de pâte d'une pellicule de plastique, puis d'un linge humide pour les empêcher de sécher.

(2) **Préparation des croûtes.** Badigeonner un carré de pâte d'huile de noix de coco fondue. Mettre une deuxième feuille de pâte phyllo par-dessus et la badigeonner d'huile. Presser délicatement la double épaisseur de pâte phyllo dans un moule à muffin. Répéter ces opérations de manière à obtenir 24 croûtes. Cuire au four pendant 5 minutes pour réchauffer la pâte (sans la dorer).

(3) **Préparation de la garniture.** Dans un grand bol, à l'aide d'un fouet, bien battre les œufs. Ajouter le lait de soja et continuer de fouetter jusqu'à ce que la préparation blanchisse. Incorporer l'ail, le basilic et le sel en fouettant. Parsemer le fond de chaque croûte d'un peu de fromage. Garnir de 2 ou 3 demi-tomates cerises. Répartir la garniture aux œufs dans les moules, en les remplissant presque complètement. Cuire au four de 25 à 30 minutes ou jusqu'à ce que la garniture ait pris et soit dorée. Servir chaud ou froid.

Trempette aux trois oignons avec croustilles de pommes de terre cuites au four

Accompagnée de croustilles de pommes de terre maison, cette trempette savoureuse et crémeuse à base de tofu réinvente un classique.

6 À 8 PORTIONS

1 bloc (340 g) de tofu soyeux

7 c. à tab (105 ml) d'huile d'olive extra vierge, en tout

2 c. à tab (30 ml) de vinaigre de vin blanc

1 c. à thé (5 ml) de sel de mer, ou plus au goût

½ c. à thé (2 ml) de poivre noir fraîchement moulu, ou plus au goût

1 t (250 ml) d'oignon jaune haché finement

½ t (125 ml) d'échalote française hachée finement

½ t (125 ml) d'oignon rouge haché finement

1½ t (375 ml) de Crème sure de noix de coco (page 57) ou de crème sure sans produits laitiers du commerce

½ c. à thé (2 ml) de poudre d'ail

oignons verts ou persil frais, hachés, pour garnir

Croustilles de pommes de terre cuites au four, pour accompagner (recette ci-contre)

① **Préparation de la base.** Au mélangeur, mélanger le tofu, 1 c. à tab (15 ml) d'huile d'olive, le vinaigre de vin blanc, le sel et le poivre jusqu'à consistance homogène. Sans arrêter l'appareil, ajouter 4 c. à tab (60 ml) d'huile d'olive et mélanger jusqu'à ce que la préparation ait épaissi. Mettre la préparation dans un bol et réfrigérer pendant la cuisson des oignons.

② **Cuisson des oignons.** Dans un grand poêlon, chauffer le reste de l'huile d'olive (2 c. à tab/30 ml) à feu moyen. Ajouter l'oignon jaune haché, l'échalote et l'oignon rouge et cuire en brassant souvent de 10 à 15 minutes ou jusqu'à ce que les oignons soient très tendres et aient commencé à caraméliser. Retirer le poêlon du feu et laisser les oignons refroidir complètement.

③ **Préparation de la trempette.** Dans un bol moyen, bien mélanger la crème sure, la poudre d'ail, la base de tofu et les oignons. Saler et poivrer au goût. Réfrigérer pendant 2 heures. Servir la trempette froide, garnie d'oignons verts ou de persil frais et accompagnée de croustilles de pommes de terre cuites au four (recette ci-dessous).

CROUSTILLES DE POMMES DE TERRE CUITES AU FOUR

4 grosses pommes de terre Russet, coupées en tranches très fines à l'aide d'un couteau bien aiguisé ou d'une mandoline

¼ t (60 ml) d'huile d'olive extra vierge

sel de mer, pour assaisonner

Préchauffer le four à 450 °F (230 °C). Bien enrober les tranches de pommes de terre d'huile d'olive et les disposer uniformément sur une grande plaque de cuisson. Parsemer de sel et cuire au four de 20 à 30 minutes ou jusqu'à ce que les tranches de pommes de terre soient croustillantes et dorées. (Les surveiller attentivement en fin de cuisson pour qu'elles ne brûlent pas.) Laisser refroidir les croustilles sur la plaque de cuisson placée sur une grille. Servir à la température ambiante.

Spanakopitas végétaliens avec fromage ricotta de tofu

On trouve la pâte phyllo dans les supermarchés, au rayon des produits surgelés. Elle est presque toujours exempte de produits laitiers. Bien que les spanakopitas soient habituellement farcis de fromage et préparés avec une tonne de beurre, cette version au tofu badigeonnée d'huile de noix de coco constitue un choix un peu plus santé, tout en étant aussi savoureuse que l'original.

RENDEMENT : 30 CHAUSSONS, OU 10 À 15 PORTIONS

1 c. à tab (15 ml) d'huile d'olive extra vierge

2 lb (1 kg) de petites feuilles d'épinards, équeutées

1 recette de Fromage ricotta de tofu (page 63)

1 c. à thé (5 ml) de muscade, fraîchement râpée si possible

1 c. à thé (5 ml) de sel de mer

20 feuilles de pâte phyllo, décongelées

1 t (250 ml) d'huile de noix de coco fondue ou de margarine de soja

(1) **Préparation de la plaque de cuisson.** Préchauffer le four à 375 °F (190 °C). Tapisser une grande plaque de cuisson de papier-parchemin.

(2) **Préparation de la garniture.** Dans un grand poêlon ou une grande casserole à fond épais, chauffer l'huile d'olive à feu moyen. Ajouter les épinards et cuire, en brassant sans arrêt, de 3 à 4 minutes ou jusqu'à ce que les feuilles tombent. Retirer du feu et laisser refroidir pendant environ 10 minutes ou jusqu'à ce qu'il soit possible de manipuler les épinards. À l'aide des mains ou d'essuie-tout, presser les épinards pour éliminer l'excédent d'eau, puis les hacher grossièrement sur une planche à découper. Mettre les épinards hachés dans un bol moyen, ajouter le fromage ricotta, la muscade et le sel et remuer jusqu'à ce que les ingrédients soient mélangés, sans plus.

(3) **Préparation de la pâte phyllo.** Pendant que l'on manipule la pâte phyllo, couvrir le reste des feuilles de pâte d'une pellicule de plastique, puis d'un linge humide pour les empêcher de sécher. Placer une feuille de pâte phyllo sur une surface de travail propre. Badigeonner la feuille de pâte d'un peu d'huile de noix de coco fondue. Couvrir d'une deuxième feuille de pâte et la badigeonner d'huile. À l'aide d'un couteau bien aiguisé ou d'une roulette à pizza, couper la pâte phyllo en bandes d'environ 3 po (8 cm) sur la longueur.

(4) **Assemblage des spanakopitas.** Déposer 1 à 2 c. à thé (5 à 10 ml) de la garniture à une extrémité de chaque bande. Rabattre la pâte sur la garniture pour former un petit triangle. Replier le triangle sur lui-même plusieurs fois pour former un petit chausson. Déposer les triangles, le joint en dessous, sur la plaque de cuisson. Les badigeonner d'huile de noix de coco.

(5) **Cuisson.** Cuire au four de 20 à 25 minutes ou jusqu'à ce que les spanakopitas soient dorés. Laisser refroidir légèrement sur une grille. Servir chaud.

Crème de brocoli

Cette interprétation santé du potage classique est une excellente façon de manger des légumes verts. Chaque portion contient plus d'une tasse (70 g) de brocoli, un légume riche en vitamine C, en vitamines B dont l'acide folique, et en calcium. Un délice !

RENDEMENT : 8 T (2 L), OU 4 PORTIONS

1 c. à tab (15 ml) d'huile d'olive extra vierge

1 oignon jaune haché finement

1 grosse pomme de terre Russet, pelée et hachée

4 t (2 L) de bouillon de légumes à faible teneur en sodium

¼ c. à thé (1 ml) de sel de mer, ou plus au goût

¼ c. à thé (1 ml) de poivre noir fraîchement moulu, ou plus au goût

5 t (1,25 L) de brocoli frais défait en bouquets

½ t (125 ml) de crème de noix de coco ou de lait de soja

(1) **Préparation de la soupe.** Dans une cocotte en métal ou une grande casserole, chauffer l'huile à feu moyen. Ajouter l'oignon et cuire de 4 à 6 minutes ou jusqu'à ce qu'il soit tendre et translucide. Ajouter la pomme de terre, le bouillon de légumes, le sel et le poivre noir et porter à ébullition. Réduire le feu et laisser mijoter à feu doux pendant environ 15 minutes ou jusqu'à ce que la pomme de terre soit tendre. Ajouter le brocoli et poursuivre la cuisson de 3 à 5 minutes ou jusqu'à ce qu'il soit tendre, sans être trop cuit.

(2) **Préparation de la crème.** Au mélangeur ou au robot culinaire (ou à l'aide d'un mélangeur à main), réduire la soupe en purée lisse. Remettre la soupe dans la cocotte ou la casserole et incorporer la crème de noix de coco. Rectifier l'assaisonnement et servir aussitôt.

Crème de champignons

Meilleure que toutes les soupes en conserve du commerce, cette crème aux trois champignons déborde de saveur et d'éléments nutritifs. On la sert avec des tranches de pain croûté ou des craquelins sans produits laitiers.

RENDEMENT : 10 T (2,5 L), OU 6 À 8 PORTIONS

2 boîtes de 15 oz (450 ml) chacune de lait de coco entier, réfrigérées depuis la veille

6 c. à tab (90 ml) d'huile de noix de coco

2 gros poireaux, les parties blanche et vert pâle seulement, bien lavés et hachés

2 grosses gousses d'ail, hachées

8 oz (250 g) de champignons café frais, équeutés et coupés en tranches

8 oz (250 g) de champignons shiitake frais, équeutés et coupés en tranches

8 oz (250 g) de champignons portobello frais, équeutés et coupés en tranches

1 c. à tab (15 ml) de thym séché

3 c. à tab (45 ml) de farine tout usage

1 t (250 ml) de vin blanc sec

6 t (1,5 L) de bouillon de légumes à faible teneur en sodium

1 c. à thé (5 ml) de sel de mer

¼ c. à thé (1 ml) de poivre noir fraîchement moulu

1½ t (375 ml) de lait d'amande, de noix de cajou ou de soja non sucré

¼ t (60 ml) de persil frais, haché finement

crème de noix de coco, pour garnir (facultatif)

① **Préparation de la crème de noix de coco.** Perforer les couvercles des boîtes de lait de coco et égoutter le liquide. Retirer la crème de coco et la mettre dans un petit bol. Réserver.

② **Préparation de la soupe.** Dans une cocotte en métal ou une casserole à fond épais, chauffer 3 c. à tab (45 ml) d'huile de noix de coco à feu moyen-doux. Ajouter les poireaux et l'ail et cuire, en brassant souvent, pendant environ 10 minutes ou jusqu'à ce que les poireaux commencent à dorer légèrement. Augmenter à feu moyen et ajouter les champignons et le thym. Cuire de 5 à 10 minutes ou jusqu'à ce que les champignons soient tendres, sans plus. Ajouter le reste de l'huile de noix de coco (3 c. à tab/45 ml). Une fois l'huile complètement fondue, ajouter la farine et brasser vigoureusement pendant 1 minute (la farine adhérera aux champignons ; c'est normal et il faut continuer de brasser). Ajouter le vin blanc et poursuivre la cuisson 1 minute en brassant sans arrêt pour éviter que la farine ne brûle. Ajouter le bouillon de légumes, le sel et le poivre. Porter la soupe à ébullition, puis réduire à feu doux et laisser mijoter de 15 à 20 minutes en brassant de temps à autre.

③ **Préparation de la crème de champignons.** Au mélangeur ou au robot culinaire, réduire la moitié de la soupe en purée lisse. Remettre le mélange dans la casserole et incorporer la crème de noix de coco réservée et le lait d'amande. Ajouter le persil frais et réchauffer. Servir aussitôt en garnissant chaque bol de crème de noix de coco, si désiré.

Crème de tomates

Cette version santé de la crème de tomates classique au lait est tout aussi réconfortante et colorée, tout en étant presque aussi simple à faire.

RENDEMENT : 6 T (1,5 L), OU 4 PORTIONS

1 boîte de 15 oz (450 ml) de lait de coco entier, réfrigérée depuis la veille

3 c. à tab (45 ml) d'huile de noix de coco

1 oignon jaune de taille moyenne, haché finement

1 gousse d'ail hachée finement

2 c. à tab (30 ml) de pâte de tomates

2 c. à tab (30 ml) de farine tout usage

3 t (750 ml) de bouillon de légumes à faible teneur en sodium

1 boîte de 28 oz (796 ml) de tomates broyées

2 c. à tab (30 ml) de sucre biologique non raffiné

½ c. à thé (2 ml) de sel de mer, ou plus au goût

½ t (125 ml) de lait de soja ou de lait d'amande non sucré

poivre noir fraîchement moulu, au goût

crème de noix de coco, pour garnir (facultatif)

① **Préparation de la crème de noix de coco.** Perforer la boîte de lait de coco et égoutter le liquide. Retirer la crème de coco et la mettre dans un petit bol. Réserver.

② **Préparation de la soupe.** Dans une cocotte en métal ou une casserole, chauffer l'huile de noix de coco à feu moyen. Ajouter l'oignon et l'ail et cuire, en brassant souvent, jusqu'à ce que l'oignon soit tendre et translucide. Ajouter la pâte de tomates et poursuivre la cuisson de 1 à 2 minutes en brassant sans arrêt. Ajouter la farine et poursuivre la cuisson pendant 1 minute en brassant sans arrêt. Ajouter le bouillon de légumes petit à petit en brassant sans arrêt. Ajouter les tomates broyées, le sucre et le sel et bien mélanger. Réduire à feu doux et laisser mijoter pendant 30 minutes.

③ **Préparation de la crème de tomates.** En plusieurs fois, au mélangeur ou au robot culinaire, réduire la soupe en purée lisse. Remettre la soupe dans la casserole et incorporer la crème de noix de coco réservée et le lait de soja. Rectifier l'assaisonnement et servir aussitôt en garnissant chaque bol de crème de noix de coco, si désiré.

Vichyssoise

Nutritif et réconfortant, ce potage crémeux est délicieux servi bien chaud, accompagné d'une tranche de pain croûté.

RENDEMENT : 10 T (2,5 L), OU 6 À 8 PORTIONS

2 boîtes de 15 oz (450 ml) chacune de lait de coco entier, réfrigérées depuis la veille

3 c. à tab (45 ml) d'huile d'olive ou de canola

3 gros poireaux, les parties blanche et vert pâle seulement, bien lavés et hachés

2 branches de céleri bien lavées et hachées finement

¼ t (60 ml) de carotte râpée finement

2 grosses gousses d'ail, hachées

3 lb (1,5 kg) de pommes de terre rouges, lavées, pelées et hachées

½ t (125 ml) de vin blanc sec

4 t (1 L) de bouillon de légumes à faible teneur en sodium

1 t (250 ml) de lait d'amande, de chanvre ou de soja non sucré

2 c. à tab (30 ml) de jus de citron fraîchement pressé

¼ c. à thé (1 ml) de sel de mer

¼ c. à thé (1 ml) de poivre noir fraîchement moulu

¼ t (60 ml) de ciboulette fraîche, hachée finement

¼ t (60 ml) de persil frais, haché finement

① **Préparation de la crème de noix de coco.** Perforer les boîtes de lait de coco et égoutter le liquide. Retirer la crème de coco et la mettre dans un petit bol. Réserver.

② **Préparation de la soupe.** Dans une cocotte en métal ou une casserole de 5,5 L, chauffer l'huile d'olive à feu moyen. Ajouter les poireaux, le céleri, la carotte et l'ail. Cuire, en brassant de temps à autre, jusqu'à ce que les poireaux aient légèrement ramolli. Ajouter les pommes de terre et augmenter à feu moyen-vif. Ajouter le vin blanc et poursuivre la cuisson de 3 à 5 minutes ou jusqu'à ce qu'il se soit presque complètement évaporé. Ajouter le bouillon de légumes, porter à ébullition, puis réduire à feu doux et laisser mijoter à découvert de 30 à 40 minutes ou jusqu'à ce que les légumes soient très tendres, en ajoutant de l'eau ou du bouillon, au besoin.

③ **Préparation de la vichyssoise.** Au mélangeur ou au robot culinaire, réduire la moitié de la soupe en purée lisse, puis la remettre dans la casserole. (On peut aussi utiliser un mélangeur à main pour réduire la soupe en purée en laissant des morceaux.) Ajouter le lait d'amande non sucré et bien mélanger, puis incorporer la crème de noix de coco réservée et le jus de citron et remuer jusqu'à ce que la soupe soit homogène, sans plus. Saler et poivrer. Incorporer la ciboulette et le persil et servir aussitôt.

Chapitre 11

PLATS PRINCIPAUX ET ACCOMPAGNEMENTS

LES CASSEROLES, les plats de pâtes, les pizzas et les pâtés sont souvent préparés avec du beurre, du fromage, du lait et d'autres produits laitiers en abondance. Ils sont rarement santé. Les plats principaux doivent être nourrissants, et j'ai découvert que la meilleure façon de satisfaire son appétit est de manger une grande diversité de légumes et de varier son alimentation (et, bien sûr, d'éviter les produits laitiers). Les plats de ce chapitre sont de savoureuses interprétations des mets réconfortants les plus populaires, et sont à base d'ingrédients nourrissants qui combleront même les plus gros appétits.

Risotto aux asperges

Cuisiner un bon risotto est une affaire de patience. Il est primordial d'ajouter les ingrédients dans le bon ordre et de laisser le riz absorber chaque mesure de liquide avant d'en rajouter. Mais cela en vaut la peine ! Le riz arborio est naturellement crémeux, donc même si on ajoute habituellement des produits laitiers aux risottos, cela n'est pas vraiment nécessaire. Blanchir les asperges permet de les garder légèrement croquantes et de conserver leur couleur vert brillant en évitant de trop les cuire.

4 PORTIONS

4 t (1 L) d'eau

8 à 10 oz (227 à 284 g) d'asperges fraîches, coupées en morceaux de 2 po (5 cm)

jus de 1 citron fraîchement pressé

3 ½ t (875 ml) de bouillon de légumes

2 c. à tab (30 ml) d'huile d'olive, en tout

2 grosses gousses d'ail hachées

½ t (125 ml) d'oignon haché finement

1 c. à thé (5 ml) de thym séché

1 t (250 ml) de riz arborio non cuit

½ t (125 ml) de vin blanc sec

3 c. à tab (45 ml) de margarine de soja non hydrogénée sans produits laitiers

¼ t (60 ml) de parmesan sans produits laitiers, râpé

sel de mer et poivre fraîchement moulu, au goût

zeste de citron, pour garnir

① **Cuisson des asperges.** Dans une petite casserole, porter l'eau à ébullition. Ajouter les asperges et cuire pendant 1 minute. Égoutter les asperges et les passer aussitôt sous l'eau froide pour arrêter la cuisson. Les mettre dans un bol ou une assiette et les arroser du jus de citron. Réserver.

② **Cuisson du risotto.** Dans une casserole, chauffer le bouillon de légumes à feu moyen-vif jusqu'au point d'ébullition, puis réduire à feu doux et couvrir. Dans une autre casserole à fond épais, chauffer 1 c. à tab (15 ml) d'huile d'olive à feu moyen-vif. Ajouter l'ail, l'oignon et le thym et cuire, en brassant souvent, de 3 à 6 minutes ou jusqu'à ce que l'oignon soit tendre et dégage son arôme. Ajouter le reste de l'huile d'olive (1 c. à tab/15 ml), puis le riz arborio et cuire, en brassant sans arrêt, jusqu'à ce que les grains de riz soient bien enrobés d'huile. Ajouter le vin et cuire en brassant sans arrêt jusqu'à ce qu'il soit complètement absorbé. À l'aide d'une louche, ajouter ¾ t (180 ml) du bouillon chaud dans la casserole et poursuivre la cuisson en brassant sans arrêt jusqu'à ce qu'il soit absorbé. Ajouter le reste du bouillon de la même manière, ¾ t (180 ml) à la fois, et cuire environ 20 minutes en tout ou jusqu'à ce que le riz soit al dente et crémeux.

③ **Finition du risotto.** Ajouter les asperges réservées et poursuivre la cuisson de 2 à 3 minutes ou jusqu'à ce que les asperges soient tendres, mais encore croquantes. Incorporer la margarine et le parmesan. Saler et poivrer au goût et garnir de zeste de citron. Servir aussitôt.

Gratin de macaronis au fromage

Cette version santé fera le bonheur des petits et des grands, en plus d'être facile à préparer et à servir. On peut bonifier encore plus ce plat en ajoutant 1 t (250 ml) de brocoli en bouquets ou d'autres légumes.

6 À 8 PORTIONS

MACARONIS AU FROMAGE

1 lb (500 g) de macaronis

1 t (250 ml) de noix de cajou crues

½ t (125 ml) de levure alimentaire

1 ½ c. à thé (7 ml) de sel

½ c. à thé (2 ml) de poudre d'oignon

½ c. à thé (2 ml) de poudre d'ail

3 ½ t (875 ml) de lait d'amande, de lait de noix de cajou ou de lait de soja nature non sucré

3 c. à tab (45 ml) de fécule de maïs

½ t (125 ml) d'huile de canola

1 c. à tab (15 ml) de miso blanc

1 c. à tab (15 ml) de jus de citron

⅓ t (80 ml) de Fromage de noix de cajou (page 58) ou de fromage sans produits laitiers du commerce, râpé

CHAPELURE

8 tranches épaisses de pain rassis

3 c. à tab (45 ml) d'huile d'olive ou de margarine molle sans produits laitiers

① **Cuisson des pâtes.** Préchauffer le four à 325 °F (160 °C). Huiler légèrement un plat à gratin de 9 po x 13 po (23 cm x 33 cm). Dans une casserole d'eau bouillante salée, cuire les pâtes selon les indications sur l'emballage ou jusqu'à ce qu'elles soient al dente. Égoutter et remettre les pâtes dans la casserole.

② **Préparation de la sauce au fromage.** Au mélangeur ou au robot culinaire, moudre finement les noix de cajou (ne pas leur donner une consistance crémeuse). Ajouter la levure alimentaire, le sel, la poudre d'oignon et la poudre d'ail et mélanger en activant et en arrêtant successivement l'appareil, juste assez pour mélanger les ingrédients. Dans une petite casserole, mélanger le lait végétal et la fécule de maïs en brassant jusqu'à ce que la fécule soit dissoute. Ajouter l'huile de canola et cuire à feu moyen, en brassant souvent, pendant environ 5 minutes ou jusqu'à ce que la préparation commence à épaissir. Ajouter la préparation de lait au mélange de noix de cajou dans le mélangeur et réduire en purée lisse. Ajouter le miso et le jus de citron et mélanger jusqu'à ce que la sauce soit homogène.

③ **Assemblage.** Verser la sauce sur les pâtes dans la casserole. Ajouter le fromage et bien mélanger pour enrober les pâtes. Transvider les macaronis au fromage dans le plat à gratin.

④ **Préparation de la chapelure et cuisson.** Au robot culinaire, émietter les tranches de pain jusqu'à l'obtention d'un mélange grumeleux. Ajouter l'huile d'olive et mélanger pour bien enrober les miettes. Parsemer le plat de macaronis de chapelure et couvrir de papier d'aluminium. Cuire au four pendant 40 minutes, puis retirer le papier d'aluminium et poursuivre la cuisson de 20 à 30 minutes ou jusqu'à ce que le dessus soit doré. Servir chaud.

Poulet en sauce à la crème d'amande

Le mariage du lait d'amande et de la crème de noix de coco rend la sauce savoureuse et équilibrée. N'hésitez pas à agrémenter ce plat de fines herbes fraîches et servez-le sur un lit de patates douces, de pâtes, de riz ou de légumes.

4 PORTIONS

POITRINES DE POULET

1 c. à thé (5 ml) de poivre noir fraîchement moulu

1 c. à thé (5 ml) de sel

1 c. à thé (5 ml) de poudre d'ail

4 poitrines de poulet de grain biologique, désossées, la peau enlevée

farine tout usage, pour enrober (facultatif)

3 c. à tab (45 ml) d'huile de noix de coco

SAUCE À LA CRÈME D'AMANDE

1 boîte de 15 oz (450 ml) de lait de coco entier, réfrigérée depuis la veille

¼ t (60 ml) de vin blanc sec

1 t (250 ml) de lait d'amande nature non sucré

1 c. à thé (5 ml) de jus de citron fraîchement pressé

¼ t (60 ml) de persil italien frais, haché finement

3 c. à tab (45 ml) de câpres égouttées et rincées

sel et poivre, au goût

① **Préparation des poitrines de poulet.** Mélanger le poivre, le sel et la poudre d'ail. Frotter les deux côtés des poitrines de poulet de ce mélange. Enrober les poitrines de poulet de farine, si désiré. Dans un grand poêlon, chauffer l'huile de noix de coco à feu moyen- vif. Ajouter le poulet et cuire, en le retournant plusieurs fois, jusqu'à ce qu'il soit doré des deux côtés et qu'il ait perdu sa teinte rosée à l'intérieur. Mettre les poitrines de poulet dans une assiette et couvrir de papier d'aluminium pendant la préparation de la sauce.

② **Préparation de la sauce à la crème.** Perforer la boîte de lait de coco et égoutter le liquide. Retirer la crème de coco de la boîte et la mettre dans un petit bol. Dans le poêlon utilisé pour cuire le poulet, chauffer le vin blanc à feu moyen-vif en tournant le poêlon pour le répartir également. Cuire pendant environ 1 minute ou jusqu'à ce que le liquide se soit presque tout évaporé. Ajouter la crème de noix de coco, le lait d'amande et le jus de citron et réchauffer. Retirer du feu et ajouter le persil et les câpres. Saler et poivrer. Napper les poitrines de poulet de la sauce et servir aussitôt.

Aubergines alla parmigiana revisitées

Ce plat santé et riche en protéines est idéal pour les repas du week-end en famille. Ne vous laissez pas décourager par la longue liste des ingrédients : cette recette est facile et rapide à réaliser. Vous pouvez utiliser de la sauce marinara du commerce ou faire la version maison proposée dans ce livre.

6 À 8 PORTIONS

AUBERGINES

sel, pour faire dégorger les aubergines

2 grosses aubergines, coupées en tranches de ¼ po (5 mm) d'épaisseur

huile d'olive, pour badigeonner

CHAPELURE

4 tranches de pain de blé entier ou sans gluten, grillées

1 c. à thé (5 ml) d'origan séché

1 c. à thé (5 ml) de thym séché

1 pincée de sel et de poivre

1 c. à tab (15 ml) d'huile d'olive

SAUCE AU FROMAGE DE TOFU

1 bloc (350 g) de tofu soyeux extra-ferme

1 t (250 ml) de bouillon de légumes

½ t (125 ml) de lait d'amande, de lait de coco ou de lait de chanvre nature

¼ t (60 ml) de levure alimentaire

3 c. à tab (45 ml) de tahini

1 c. à tab (15 ml) d'huile d'olive

1 c. à thé (5 ml) de poudre d'oignon

1 c. à thé (5 ml) de poudre d'ail

⅛ c. à thé (1 ml) de sel, ou plus au goût

2 c. à tab (30 ml) de fécule de maïs

SAUCE AUX TOMATES

1 c. à tab (15 ml) d'huile d'olive

1 oignon doux (de type Vidalia), haché finement

4 t (1 L) de sauce marinara du commerce ou maison (page 120)

① **Préparation des aubergines.** Parsemer de sel les tranches d'aubergine, les disposer sur une grille ou dans une passoire au-dessus d'un bol et les laisser égoutter de 15 à 20 minutes (cela empêche les aubergines de détremper à la cuisson).

② **Préparation de la chapelure.** Au robot culinaire, réduire en miettes les tranches de pain grillées avec l'origan, le thym, le sel et le poivre. Ajouter l'huile d'olive et mélanger en activant et en arrêtant successivement l'appareil pour enrober les miettes de pain. (On peut aussi faire la chapelure à la main en émiettant le pain le plus finement possible, puis en y incorporant les autres ingrédients.)

③ **Cuisson des d'aubergines.** Huiler légèrement une grande plaque de cuisson. Rincer les tranches d'aubergine à l'eau froide, les éponger à l'aide d'essuie-tout et les disposer sur la plaque de cuisson. Badigeonner légèrement d'huile d'olive et cuire sous le gril préchauffé du four de 2 à 3 minutes ou jusqu'à ce qu'elles soient dorées. Réduire la température du four à 350 °F (180 °C).

④ **Préparation de la sauce au fromage.** Au mélangeur, mélanger le tofu jusqu'à ce qu'il soit très onctueux. Ajouter le reste des ingrédients et mélanger jusqu'à consistance homogène.

⑤ **Préparation de la sauce aux tomates.** Dans un poêlon, chauffer l'huile d'olive à feu moyen. Ajouter l'oignon et cuire, en brassant souvent, de 4 à 6 minutes ou jusqu'à ce qu'il soit tendre et translucide. Ajouter la sauce marinara et réchauffer.

⑥ **Assemblage et cuisson.** Huiler légèrement un plat à gratin de 9 po x 13 po (23 cm x 33 cm). Disposer la moitié des tranches d'aubergine en une seule couche au fond du plat. Parsemer du tiers de la chapelure, verser la moitié de la sauce aux tomates et la moitié de la sauce au fromage. Ajouter le reste des aubergines, parsemer du tiers de la chapelure, verser le reste de la sauce aux tomates et le reste de la sauce au fromage. Parsemer uniformément du reste de la chapelure. Cuire au centre du four de 20 à 25 minutes ou jusqu'à ce que le dessus soit doré. Servir chaud.

Raviolis au four avec fromage ricotta de tofu

Si vous n'avez pas le temps de faire vous-même la pâte à raviolis, les emballages de pâte à wonton du commerce sont un excellent substitut (dans les épiceries asiatiques et les supermarchés).

6 À 8 PORTIONS

PÂTE À RAVIOLIS

1 ½ t (375 ml) de farine tout usage

½ t (125 ml) de farine de blé entier à pâtisserie

1 pincée de sel

3 gros œufs biologiques

1 c. à tab (15 ml) d'huile d'olive, ou plus au besoin

GARNITURE AU FROMAGE RICOTTA DE TOFU

2 recettes de Fromage ricotta de tofu (page 63)

¼ t (60 ml) de basilic frais, haché finement

¼ t (60 ml) d'origan frais, haché finement

1 c. à tab (15 ml) d'huile d'olive extra vierge

SAUCE MARINARA MAISON

3 c. à tab (45 ml) d'huile d'olive extra vierge

¼ t (60 ml) d'ail haché

1 oignon jaune, haché finement

½ t (125 ml) de vin blanc sec

2 c. à tab (30 ml) de pâte de tomates

¼ t (60 ml) de persil italien frais, haché finement

2 c. à tab (30 ml) de thym séché

2 boîtes (28 oz/796 ml chacune) de tomates broyées

¼ t (60 ml) de bouillon de légumes

sel et poivre du moulin

① **Préparation de la pâte à raviolis.** Dans un grand bol, tamiser les farines et le sel. Faire un puits au centre des ingrédients secs et y verser les œufs et l'huile. À l'aide d'une fourchette, incorporer les œufs dans la farine jusqu'à ce que le mélange soit épais et plus difficile à mélanger. Sur une surface de travail farinée, pétrir la pâte pendant 10 minutes ou jusqu'à ce qu'elle soit élastique (ajouter de l'huile d'olive, au besoin). Couvrir la pâte d'un linge propre et humide et la laisser reposer pendant la préparation de la garniture et de la sauce.

② **Préparation de la garniture.** Dans un bol moyen, bien mélanger le fromage ricotta de tofu, les fines herbes et l'huile d'olive. Réserver.

③ **Préparation de la sauce.** Dans une grande casserole, chauffer l'huile d'olive à feu moyen-vif. Ajouter l'ail et l'oignon et cuire, en brassant souvent, pendant environ 5 minutes ou jusqu'à ce que l'oignon soit tendre et dégage son arôme. Ajouter le vin blanc et poursuivre la cuisson en brassant souvent jusqu'à ce qu'il se soit presque tout évaporé. Ajouter la pâte de tomates, le persil et le thym, puis les tomates broyées. Bien mélanger. Ajouter le bouillon de légumes et porter à ébullition. Réduire le feu et laisser mijoter pendant 30 minutes en brassant de temps à autre. Saler et poivrer.

④ **Laminage de la pâte.** Si l'on utilise un laminoir, diviser la pâte en trois ou quatre portions et couvrir la pâte non utilisée d'un linge humide pour l'empêcher de sécher. Passer chaque portion de pâte plusieurs fois dans le laminoir, jusqu'à ce qu'elle soit lisse et très mince. Si l'on travaille la pâte à la main, à l'aide d'un rouleau à pâte, l'abaisser sur une surface de travail légèrement farinée. Lorsqu'elle devient difficile à travailler, la couvrir d'un linge humide de 5 à 10 minutes avant de recommencer à l'abaisser. Procéder de la même manière avec les autres portions de pâte. À l'aide d'un emporte-pièce carré de 2 à 3 po (5 à 7,5 cm) de côté ou d'une roulette, découper des carrés dans les abaisses.

⑤ **Assemblage et cuisson des raviolis.** Préchauffer le four à 350 °F (180 °C). Verser la moitié de la sauce dans un plat à gratin. Sur une surface de travail, étendre la moitié des carrés de pâte et déposer 1 à 2 c. à tab (15 à 30 ml), selon la taille des raviolis, de garniture au fromage ricotta au centre de chacun. Humidifier les bords des carrés puis couvrir du reste des carrés de pâte en pressant bien avec les mains sèches pour sceller les raviolis. Porter une casserole d'eau salée à ébullition. Y mettre délicatement les raviolis et cuire de 2 à 3 minutes. À l'aide d'une écumoire, retirer délicatement les raviolis de l'eau et les déposer dans le plat à gratin. Verser le reste de la sauce sur les raviolis et cuire au four pendant 20 minutes. Servir aussitôt.

Pâté au poulet réinventé

Croûte de blé qui fond dans la bouche, garniture au poulet et aux légumes et sauce crémeuse à souhait : cette réinterprétation ne manque pas de personnalité. Un plat réconfortant idéal pour les repas en famille.

RENDEMENT : UN PÂTÉ DE 9 PO (23 CM) DE DIAMÈTRE, OU 8 PORTIONS

CROÛTE À TARTE

1 ¼ t (310 ml) de farine tout usage

1 ¼ t (310 ml) de farine de blé entier

1 c. à thé (5 ml) de sucre de canne biologique

½ c. à thé (2 ml) de sel

½ t (125 ml) de margarine de soja non hydrogénée, coupée en cubes et très froide

½ t (125 ml) de beurre de coco à la température ambiante

⅓ à ½ t (80 à 125 ml) d'eau froide, ou plus si nécessaire

GARNITURE AU POULET ET AUX LÉGUMES

1 lb (500 g) de poitrines de poulet de grain biologique, désossées, la peau enlevée

1 ½ t (375 ml) de carottes coupées en tranches

2 branches de céleri hachées finement

1 t (250 ml) de petits pois surgelés

eau, pour mijoter

⅓ t (80 ml) d'huile de noix de coco

1 oignon jaune, haché finement

¼ t (60 ml) de farine tout usage

½ c. à thé (2 ml) de sel, et un peu plus pour servir

¼ c. à thé (1 ml) de poivre noir fraîchement moulu, et un peu plus pour servir

1 t (250 ml) de bouillon de légumes

2 t (500 ml) de lait de soja ou de lait de chanvre nature non sucré

① **Préparation de la pâte à tarte.** Dans un bol moyen, tamiser les farines, le sucre et le sel. Ajouter la margarine de soja et le beurre de coco et, à l'aide d'un coupe-pâte ou avec les mains, travailler la préparation jusqu'à ce qu'elle ait la texture d'une chapelure grossière. Ajouter l'eau froide, 1 c. à tab (15 ml) à la fois, et mélanger jusqu'à ce que la pâte commence à se tenir, sans être ni trop collante ni trop sèche. Sur une surface légèrement farinée, pétrir la pâte pendant environ 1 minute ou jusqu'à ce qu'elle se tienne et ne soit plus collante. Diviser la pâte en deux portions, les façonner en boules et les envelopper dans une pellicule de plastique. Réfrigérer pendant 30 minutes.

② **Préparation de la croûte.** Préchauffer le four à 425 °F (220 °C). Graisser ou huiler légèrement un moule à tarte profond ou un plat à gratin de 9 po (23 cm) de diamètre. Réserver. Sur une surface légèrement farinée, à l'aide d'un rouleau à pâte, abaisser la moitié de la pâte à environ ⅛ po (3 mm) d'épaisseur et la déposer avec précaution dans le moule à tarte. Presser délicatement l'abaisse dans le fond et sur les côtés du moule, plier l'excédent sous l'abaisse et canneler le pourtour. À l'aide d'une fourchette, piquer l'abaisse sur toute sa surface, puis la mettre au congélateur pendant la préparation de la garniture.

③ **Préparation de la garniture.** Dans une grande casserole, mettre le poulet, les carottes coupées en tranches, le céleri et les petits pois et ajouter suffisamment d'eau pour couvrir les ingrédients de 1 po (2,5 cm). Porter à ébullition à feu moyen-vif. Réduire le feu, couvrir et laisser mijoter pendant 30 minutes. Retirer la casserole du feu et égoutter le liquide. Mettre le poulet sur une planche à découper et le hacher grossièrement. Remettre le poulet dans la casserole avec les légumes et réserver.

Dans une autre casserole, faire fondre l'huile de noix de coco à feu moyen-vif et ajouter l'oignon haché. Cuire de 3 à 6 minutes ou jusqu'à ce que l'oignon soit tendre et dégage son arôme. Ajouter la farine, le sel et le poivre et poursuivre la cuisson pendant 1 minute en brassant sans arrêt pour éviter que la farine ne brûle. Ajouter petit à petit le bouillon de légumes et le lait végétal, en brassant sans arrêt pour bien mélanger. Poursuivre la cuisson en brassant jusqu'à ce que la sauce commence à épaissir.

④ **Assemblage du pâté et cuisson.** Sur une surface de travail légèrement farinée, abaisser le reste de la pâte à environ ⅛ po (3 mm) d'épaisseur. Mettre le poulet et les légumes dans l'abaisse dans le moule à tarte, puis verser la sauce chaude dessus. Déposer aussitôt l'autre abaisse sur la garniture au poulet en pressant légèrement sur le pourtour pour sceller le pâté. À l'aide d'un couteau bien aiguisé, faire plusieurs entailles sur le dessus du pâté pour permettre à la vapeur de s'échapper. Cuire au four de 35 à 40 minutes ou jusqu'à ce que le pâté soit doré. Servir chaud.

Pâtes au beurre à l'ail, épinards et champignons

Ce plat est parfait pour les soirs de semaine où chaque minute est comptée. Le beurre à l'ail rôti peut être préparé à l'avance et conservé au réfrigérateur, prêt à être utilisé au moment de la réalisation de cette recette.

6 À 8 PORTIONS

BEURRE À L'AIL

2 bulbes d'ail

huile d'olive, pour rôtir

1 t (250 ml) d'huile de noix de coco extra vierge, à la température ambiante

3 c. à tab (45 ml) de levure alimentaire

3 c. à tab (45 ml) de basilic frais, haché finement

¾ c. à thé (4 ml) de sel de mer, ou plus au goût

PÂTES ET LÉGUMES

1 lb (500 g) de fettucine

1 petit oignon jaune, haché finement

12 oz (375 g) de champignons café lavés et coupés en tranches

3 t (750 ml) de petites feuilles d'épinards, bien lavées et équeutées

sel et poivre

① **Préparation de l'ail rôti.** Préchauffer le four à 350 °F (180 °C). Couper le dessus de chaque bulbe de manière à exposer les gousses et déposer chacun sur une feuille de papier d'aluminium. Arroser les bulbes d'huile d'olive et refermer le papier d'aluminium de manière à former des papillotes. Cuire au four de 45 minutes à 1 heure. Retirer l'ail du four et le laisser refroidir suffisamment pour qu'il soit possible de le manipuler.

② **Préparation du beurre à l'ail.** Séparer les gousses d'ail de chaque bulbe et les presser délicatement afin d'en extraire la pulpe. Ajouter l'huile de noix de coco, la levure alimentaire, le basilic et le sel et écraser le tout à la fourchette jusqu'à consistance homogène.

③ **Cuisson des pâtes et des légumes.** Dans une grande casserole d'eau bouillante salée, cuire les pâtes selon les indications sur l'emballage ou jusqu'à ce qu'elles soient al dente. Égoutter. Dans un grand poêlon, chauffer ¼ t (60 ml) du beurre à l'ail à feu moyen-vif. Ajouter l'oignon et cuire environ 3 à 4 minutes ou jusqu'à ce qu'il soit tendre. Ajouter les champignons et poursuivre la cuisson pendant 4 minutes ou jusqu'à ce qu'ils commencent à dorer. Ajouter les pâtes, les épinards et le reste du beurre à l'ail et mélanger pour bien enrober les pâtes. (Si le poêlon est trop petit, mélanger les ingrédients dans un grand saladier.) Saler et poivrer au goût. Servir aussitôt.

Strata aux champignons et aux herbes

Se situant entre un pouding au pain salé et une farce, ce plat est un accompagnement végétarien savoureux pour les repas de fête et les brunchs.

RENDEMENT : UN PLAT DE 9 PO X 13 PO (23 CM X 33 CM), OU 8 PORTIONS

2 grosses patates douces

1 grosse miche de pain hallah (environ
    1 lb/500 g), coupée en cubes de 1 po (2,5 cm)
    (pour des détails sur la hallah, voir page 86)

¼ t (60 ml) d'huile d'olive extra vierge

2 c. à tab (30 ml) de thym séché

⅛ c. à thé (0,5 ml) de sel

3 c. à tab (45 ml) d'huile de noix de coco

1 petit oignon jaune, haché finement

1 t (250 ml) de champignons café
    coupés en tranches

1 t (250 ml) de champignons portobello
    coupés en tranches

1 t (250 ml) de champignons shiitake,
    les pieds enlevés, coupés en tranches

1 t (250 ml) de céleri haché finement
    (2 à 3 grosses branches)

¼ t (60 ml) de persil frais, haché finement

¼ t (60 ml) de romarin frais, haché finement

¼ t (60 ml) d'origan frais, haché finement

3 t (750 ml) de lait d'amande ou de lait
    de noix de cajou

9 gros œufs biologiques, légèrement battus

2 c. à thé (10 ml) de sel

3 c. à tab (45 ml) de levure alimentaire

① **Cuisson des patates douces et des cubes de pain.**
Préchauffer le four à 400 °F (200 °C). Emballer les patates douces dans du papier d'aluminium et cuire au four pendant 1 heure ou jusqu'à ce qu'elles soient très tendres. Lorsqu'elles ont suffisamment refroidi pour être manipulées, les peler et les couper en cubes de 1 po (2,5 cm).

Dans un grand bol, mettre les cubes de pain, l'huile d'olive, le thym et le sel et mélanger pour bien enrober le pain. Étendre les cubes de pain sur une grande plaque de cuisson et faire griller au four de 10 à 15 minutes ou jusqu'à ce qu'ils commencent à dorer. Laisser refroidir légèrement les cubes de pain et les remettre dans le grand bol. Réduire la température du four à 350 °F (180 °C). Huiler légèrement un plat à gratin de 9 po x 13 po (23 cm x 33 cm).

② **Préparation des légumes.** Dans un grand poêlon, chauffer l'huile de noix de coco à feu moyen-vif. Ajouter l'oignon, les champignons et le céleri. Cuire, en brassant souvent, pendant environ 10 minutes ou jusqu'à ce que les légumes soient tendres et que le liquide se soit presque tout évaporé. Ajouter les cubes de pain, les fines herbes et les cubes de patate douce et remuer juste assez pour mélanger les ingrédients.

③ **Préparation de la garniture aux œufs, assemblage et cuisson.** Dans un autre bol, à l'aide d'un fouet, mélanger le lait d'amande, les œufs, le sel et la levure alimentaire. Verser cette préparation sur le mélange de pain et de légumes, puis transvider dans le plat à gratin. Cuire au four à découvert pendant 1 heure ou jusqu'à ce que la strata soit gonflée et dorée. Laisser refroidir de 10 à 15 minutes avant de servir.

Enchiladas végétaliennes

Un plat copieux et savoureux, et nutritif en plus. Vous pouvez le faire à l'avance et le congeler : préparez tout sauf la trempette au fromage de noix de cajou, et au moment de cuire les enchiladas, retirez-les du congélateur, garnissez-les de trempette et cuisez-les à couvert pendant 30 minutes, puis à découvert pendant 15 minutes.

8 PORTIONS

FARCE AUX LÉGUMES ET AUX HARICOTS NOIRS

3 grosses patates douces

1 c. à tab (15 ml) d'huile d'olive

1 t (250 ml) d'oignon jaune haché finement

2 gousses d'ail hachées finement

2 piments jalapeños frais épépinés, la tige et les membranes retirées, hachés finement

2 t (500 ml) de petites feuilles d'épinards, équeutées

1 boîte de 15 oz (450 ml) de haricots noirs biologiques, égouttés et rincés

¼ t (60 ml) de coriandre fraîche, hachée finement

2 c. à tab (30 ml) de piments chipotle en sauce adobo

TORTILLAS ET GARNITURES

16 tortillas de maïs de 6 po (15 cm) de diamètre

1 recette de Trempette au fromage de noix de cajou (page 94)

coriandre et oignons verts hachés, pour garnir

① **Préparation de la farce.** Préchauffer le four à 400 °F (200 °C). Emballer les patates douces dans du papier d'aluminium et cuire au four pendant 1 heure ou jusqu'à ce qu'elles soient tendres. Lorsqu'elles ont suffisamment refroidi pour être manipulées, les peler et les hacher grossièrement (leur texture sera pâteuse).

Entre-temps, dans un grand poêlon, chauffer l'huile d'olive à feu moyen-vif. Ajouter l'oignon jaune et l'ail et cuire, en brassant souvent, de 3 à 5 minutes ou jusqu'à ce que l'oignon soit tendre. Ajouter les piments jalapeños et poursuivre la cuisson pendant 2 minutes. Retirer le poêlon du feu, ajouter les épinards, les haricots noirs, la coriandre et les piments chipotle, et remuer juste assez pour mélanger les ingrédients. Transvider la préparation dans un grand bol et, à l'aide d'une spatule ou d'une cuillère, incorporer délicatement la patate douce.

② **Préparation des tortillas.** Empiler les tortillas, les emballer dans du papier d'aluminium et les mettre au four de 5 à 10 minutes pour les assouplir, ce qui facilitera leur manipulation.

③ **Assemblage des enchiladas et cuisson.** Huiler légèrement un plat à gratin de 9 po x 13 po (23 cm x 33 cm). Étendre environ 1 t (250 ml) de trempette au fromage dans le plat. Mettre environ ⅓ t (80 ml) de la farce au centre de chaque tortilla, puis rouler en serrant bien. Mettre les tortillas farcies dans le plat, l'ouverture dessous. Couvrir les enchiladas du reste de la trempette et cuire au four, à découvert, de 15 à 20 minutes ou jusqu'à ce que le dessus soit doré. Parsemer de coriandre et d'oignons verts. Servir chaud.

Crêpes de sarrasin aux tomates

Confectionner des crêpes parfaites est facile une fois que l'on maîtrise la technique, ce qui demande de la pratique. Cette pâte à crêpes est censée s'étendre très facilement dans le poêlon et ne devrait pas prendre plus de 2 minutes à cuire. Le poêlon doit être à la bonne température, ce qui nécessite souvent quelques ajustements. Surtout, ne vous découragez pas si vos premières crêpes sont un désastre !

4 PORTIONS

CRÊPES DE SARRASIN

2 t (500 ml) de lait de noix de cajou, de lait de coco ou de lait de soja, à la température ambiante

1 c. à tab (15 ml) de sucre biologique non raffiné

¼ c. à thé (1 ml) de sel de mer

3 c. à tab (45 ml) de margarine non hydrogénée fondue ou d'huile d'olive extra vierge

½ t (125 ml) de farine de sarrasin

¾ t (180 ml) de farine tout usage

4 gros œufs

huile de noix de coco, pour cuire les crêpes

GARNITURE AUX POIVRONS ET AUX TOMATES RÔTIS

3 c. à tab (45 ml) d'huile d'olive

¼ t (60 ml) de thym frais, haché finement

¼ t (60 ml) de basilic frais, haché finement

3 gros poivrons, idéalement de couleurs différentes

1 lb (500 g) de tomates fraîches, le pédoncule enlevé, coupées en deux horizontalement

(1) **Préparation de la pâte à crêpes.** Au mélangeur ou au robot culinaire, réduire en purée lisse tous les ingrédients, sauf l'huile de coco. Transvider dans un bol ou un pichet, couvrir et réfrigérer jusqu'au lendemain. Préchauffer le four à 400 °F (200 °C). Laisser la pâte à crêpes reposer à la température ambiante pendant la préparation de la garniture.

(2) **Préparation de la garniture.** Mettre l'huile d'olive, le thym et le basilic dans un plat de 9 po x 13 po (23 cm x 33 cm). Ajouter les poivrons, en les retournant pour les enrober. Ajouter les demi-tomates et les retourner pour les enrober, puis les disposer dans le plat, le côté coupé dessous. Cuire au four de 30 à 40 minutes, en retournant les poivrons toutes les 10 minutes. Retirer du four lorsque les poivrons sont tendres et grillés (sans être noircis) et que les tomates sont ridées et très tendres.

Laisser refroidir les légumes légèrement. En tenant les poivrons au-dessus du plat, les couper en deux, en retirer la tige, les graines et les membranes, puis les peler. Peler les tomates de la même manière. Hacher grossièrement les légumes et bien mélanger. Couvrir le plat de papier d'aluminium.

(3) **Cuisson des crêpes.** Graisser légèrement un poêlon de 8 po (20 cm) ou une poêle à crêpes avec de l'huile de noix de coco et chauffer à feu moyen-vif. Lorsque le poêlon est chaud, verser environ ¼ t (60 ml) de pâte à crêpes et incliner le poêlon pour couvrir la surface. Après environ 1 minute (surveiller la crêpe de près), à l'aide d'une spatule, décoller délicatement les bords de la crêpe et la retourner, puis poursuivre la cuisson 30 secondes. Cuire le reste de la pâte de la même manière.

(4) **Assemblage des crêpes.** Mettre de ⅓ à ½ t (80 à 125 ml) de garniture au centre de chaque crêpe, replier et servir aussitôt. Au besoin, emballer le reste des crêpes refroidies dans de la pellicule de plastique, puis dans du papier d'aluminium. Les crêpes se conserveront jusqu'à 2 mois au congélateur.

Pizza au fromage sur croûte de quinoa

Cette pizza sans levure, sans produits laitiers et sans gluten est 100 % végétalienne, et simple comme bonjour à confectionner.

RENDEMENT : UNE PIZZA DE 12 PO (30 CM) DE DIAMÈTRE, OU 2 À 4 PORTIONS

CROÛTE DE QUINOA

1 t (250 ml) de quinoa

eau froide pour le trempage

½ t (125 ml) de riz brun cuit

½ t (125 ml) d'eau, ou plus au besoin

2 c. à tab (30 ml) d'huile

½ à ¾ c. à thé (2 à 4 ml) de sel de mer

½ c. à thé (2 ml) d'origan séché

½ c. à thé (2 ml) de poudre d'ail

GARNITURE, SAUCE ET FROMAGE

1 t (250 ml) de noix de cajou moulues finement

½ t (125 ml) de lait d'amande non sucré

2 c. à thé (10 ml) de jus de citron

3 c. à tab (45 ml) de levure alimentaire

½ c. à thé (2 ml) de poudre d'oignon

½ c. à thé (2 ml) de sel de mer, ou au goût

½ à ¾ t (125 à 180 ml) de sauce à pizza du commerce ou maison (voir recette page 129)

1 t (250 ml) de Fromage de noix de cajou (page 58) ou d'autre fromage sans produits laitiers, râpé

(1) **Trempage du quinoa.** Dans un bol juste assez grand pour le contenir, mettre le quinoa et ajouter suffisamment d'eau froide pour le couvrir. Faire tremper pendant 8 heures ou jusqu'au lendemain.

(2) **Préparation de la croûte.** Préchauffer le four à 450 °F (230 °C). Huiler légèrement un poêlon en fonte de 12 po (30 cm) de diamètre. Égoutter le quinoa et jeter l'eau de trempage. Au mélangeur, mélanger le quinoa, le riz brun cuit, ½ t (125 ml) d'eau, l'huile, le sel, l'origan et la poudre d'ail jusqu'à l'obtention d'une pâte épaisse et assez lisse. Verser la pâte dans le poêlon huilé et l'étendre à l'aide d'une spatule. Cuire la pâte au four pendant 10 minutes, la retourner et poursuivre la cuisson de 5 à 10 minutes ou jusqu'à ce qu'elle soit croustillante et dorée des deux côtés.

(3) **Préparation de la garniture.** Au mélangeur, réduire en purée lisse les noix de cajou moulues, le lait d'amande, le jus de citron, la levure alimentaire, la poudre d'oignon et le sel. Transvider le mélange dans une petite casserole et cuire à feu moyen, en brassant souvent, pendant environ 10 minutes ou jusqu'à ce que la garniture ait épaissi. Réserver.

(4) **Assemblage de la pizza et cuisson.** Sur la croûte encore chaude, étendre la sauce à pizza uniformément. Parsemer du fromage, puis couvrir de la garniture. Remettre le poêlon au four pendant 5 minutes. Servir aussitôt.

SAUCE À PIZZA EXPRESS

RENDEMENT : 3 ½ T (875 ML) DE SAUCE

2 boîtes (15 oz/450 ml chacune) de sauce tomate

1 boîte (6 oz/180 ml) de pâte de tomates

1 c. à tab (15 ml) d'origan séché

1 c. à thé (5 ml) de graines de fenouil

1 c. à thé (5 ml) de poudre d'ail

1 c. à thé (5 ml) de poudre d'oignon

1 c. à thé (5 ml) de sucre de canne biologique non raffiné

¼ c. à thé (1 ml) de sel de mer, ou au goût

Dans une casserole, bien mélanger tous les ingrédients. Porter à ébullition, puis réduire à feu doux, couvrir et laisser mijoter, en brassant de temps à autre, de 20 à 30 minutes. Laisser refroidir la sauce pendant 10 minutes avant de l'utiliser, ou la laisser refroidir complètement pour une utilisation future. Dans un contenant hermétique, la sauce à pizza se conservera de 4 à 5 jours au réfrigérateur.

Tarte aux épinards et au brocoli

Le tofu émietté, les œufs biologiques et le fromage de noix de cajou font de cette tarte salée un repas copieux et riche en protéines. Débordante d'épinards, elle fait un plat santé absolument délicieux.

RENDEMENT : UNE TARTE DE 9 PO (23 CM) DE DIAMÈTRE, OU 8 PORTIONS

CROÛTE À TARTE

1 t (250 ml) de farine tout usage

½ t (125 ml) de farine de blé entier à pâtisserie

1 c. à tab (15 ml) de sucre de canne biologique

½ c. à thé (2 ml) de sel

½ t (125 ml) d'huile de noix de coco à la température ambiante

¼ t (60 ml) d'eau à la température ambiante, ou un peu plus au besoin

GARNITURE AUX LÉGUMES ET AUX ŒUFS

2 c. à tab (30 ml) d'huile d'olive extra vierge

1 t (250 ml) d'oignon haché finement

¼ t (60 ml) d'ail haché

1½ lb (750 g) de petites feuilles d'épinards, bien lavées et épongées, sans les queues

1 t (250 ml) de brocoli défait en bouquets

½ t (125 ml) d'olives noires coupées en tranches

4 gros œufs biologiques, légèrement battus

¾ t (180 ml) de lait d'amande ou de lait de soja

¾ c. à thé (4 ml) de sel de mer

1 t (250 ml) de tofu émietté

½ t (125 ml) de Fromage de noix de cajou râpé (page 58)

① **Préparation de la pâte à tarte.** Dans un bol, mélanger les farines, le sucre et le sel. Ajouter l'huile et, à l'aide d'un coupe-pâte ou avec les mains, travailler la préparation jusqu'à ce qu'elle ait la texture d'une chapelure grossière. Ajouter l'eau,

1 c. à tab (15 ml) à la fois, et mélanger jusqu'à ce que la pâte se tienne et soit lisse (ajouter plus d'eau, au besoin). Façonner la pâte en un disque. Envelopper d'une pellicule de plastique et réfrigérer 15 minutes.

② **Préparation de la croûte.** (Si la pâte a été réfrigérée plus de 15 minutes, la laisser reposer à la température ambiante avant de l'abaisser.) Graisser légèrement un moule à tarte profond de 9 po (23 cm) de diamètre avec de l'huile de noix de coco. Sur une surface légèrement farinée, abaisser la pâte en un grand cercle d'environ ⅛ po (3 mm) d'épaisseur. Avec précaution, déposer l'abaisse dans le moule. Replier l'excédent de pâte sous l'abaisse et canneler le pourtour. Mettre la croûte au réfrigérateur pendant la préparation de la garniture.

③ **Préparation de la garniture.** Préchauffer le four à 375 °F (190 °C). Dans un poêlon à fond épais, chauffer l'huile d'olive à feu moyen. Ajouter l'oignon et cuire en brassant de 4 à 6 minutes ou jusqu'à ce qu'il soit tendre. Ajouter l'ail et poursuivre la cuisson pendant 2 minutes en brassant sans arrêt. Ajouter les épinards en plusieurs fois. Ajouter le brocoli et les olives, mélanger et laisser refroidir légèrement. Dans un grand bol, à l'aide d'un fouet, mélanger les œufs, le lait d'amande et le sel. Incorporer le tofu et le fromage, puis ajouter le mélange d'épinards et mélanger jusqu'à consistance homogène.

④ **Cuisson.** Verser la garniture dans la croûte et cuire au four de 50 à 60 minutes ou jusqu'à ce que le centre ait pris et que le dessus soit doré. Laisser refroidir 10 à 15 minutes avant de servir.

Coquilles farcies au tofu et aux épinards

Ce plat peut se préparer à l'avance : il suffit de farcir les coquilles, de les mettre dans le plat à gratin et de congeler le tout. Au moment voulu, laisser décongeler le plat, puis couvrir les coquilles de sauce et mettre le plat au four.

4 PORTIONS

SAUCE TOMATE FACILE

¼ t (60 ml) d'huile d'olive extra vierge

½ t (125 ml) d'oignon haché finement

3 grosses gousses d'ail, hachées

2 boîtes (28 oz/796 ml chacune) de tomates broyées

1 c. à tab (15 ml) d'origan frais, haché finement

sel, au goût

flocons de piment fort (facultatif)

GARNITURE AU TOFU ET AUX ÉPINARDS

2 t (500 ml) de feuilles de basilic frais

¾ t (180 ml) de pignons crus

2 grosses gousses d'ail

1 c. à tab (15 ml) de levure alimentaire

¼ c. à thé (1 ml) de sel de mer, ou plus au goût

¼ t (60 ml) d'huile d'olive extra vierge

1 bloc (1 lb/500 g) de tofu extraferme, émietté

1 paquet (10 oz/300 g) d'épinards surgelés, décongelés et bien pressés pour les égoutter

1 t (250 ml) de Fromage de noix de cajou (page 58) râpé

1 paquet (16 oz/500 g) de coquilles géantes (environ 30 coquilles)

(1) **Préparation du plat de cuisson.** Préchauffer le four à 350 °F (180 °C). Huiler légèrement un plat à gratin de 9 po x 13 po (23 cm x 33 cm). Réserver.

(2) **Préparation de la sauce.** Dans un poêlon, chauffer l'huile d'olive à feu moyen-vif. Ajouter l'oignon et cuire en brassant de 3 à 5 minutes. Ajouter l'ail et poursuivre la cuisson pendant 1 minute en brassant sans arrêt. Ajouter les tomates broyées et l'origan, réduire le feu et laisser mijoter pendant 5 minutes. Saler et ajouter un soupçon de flocons de piment fort, si désiré. Verser de 1 à 1 ½ t (250 à 375 ml) de la sauce dans le plat à gratin. Réserver.

(3) **Préparation de la garniture.** Au mélangeur ou au robot culinaire, mélanger le basilic, les pignons, l'ail, la levure alimentaire et le sel jusqu'à ce que la préparation soit granuleuse. Sans arrêter l'appareil, verser l'huile d'olive jusqu'à l'obtention d'une consistance coulante. Mettre le tofu émietté dans un bol avec les épinards et le fromage. Ajouter la moitié du pesto au basilic et bien mélanger.

(4) **Cuisson des pâtes et remplissage des coquilles.** Dans une grande casserole d'eau bouillante salée, cuire les pâtes jusqu'à ce qu'elles soient al dente. (Trop cuites, les coquilles se brisent lorsqu'on les farcit.) Égoutter et laisser refroidir légèrement. Farcir les coquilles de la garniture et les disposer en une seule couche sur la sauce dans le plat, l'ouverture sur le dessus. Parsemer du reste du pesto de basilic. Verser le reste de la sauce sur les coquilles. Couvrir de papier d'aluminium et cuire au four pendant 30 minutes, puis poursuivre la cuisson à découvert pendant 15 minutes ou jusqu'à ce que la sauce soit bouillonnante. Servir chaud.

Lasagne aux légumes

Le fromage ricotta de tofu et la sauce à base de fromage de noix de cajou rendent ce plat plus sain que l'original sans en sacrifier le goût. Vous pouvez ajouter les légumes de votre choix dans la garniture, et même remplacer les lasagnes par de fines tranches d'aubergines et de courgettes, si vous vous sentez aventureux !

RENDEMENT : UN PLAT DE 9 PO X 13 PO (23 CM X 33 CM), OU 8 PORTIONS

SAUCE AU FROMAGE DE NOIX DE CAJOU

1 t comble (environ 265 ml) de noix de cajou crues

½ t (125 ml) de levure alimentaire

1½ c. à thé (7 ml) de sel

½ c. à thé (2 ml) de poudre d'oignon

½ c. à thé (2 ml) de poudre d'ail

3 c. à tab (45 ml) de fécule de maïs

3 ½ t (875 ml) de lait d'amande ou de lait de soja nature non sucré

½ t (125 ml) d'huile d'olive extra vierge

1 c. à tab (15 ml) de miso blanc

1 c. à tab (15 ml) de jus de citron

PÂTES ET SAUCE TOMATE

8 oz (225 g) de lasagnes

6 t (1,5 L) de sauce marinara du commerce ou maison (page 120)

GARNITURE AU FROMAGE RICOTTA DE TOFU

1 c. à tab (15 ml) d'huile d'olive extra vierge

10 oz (300 g) de champignons café coupés en tranches

4 t (1 L) de Fromage ricotta de tofu (page 63)

2 gros œufs biologiques, légèrement battus

¼ t (60 ml) de basilic frais, haché finement

2 paquets (10 oz/300 g chacun) d'épinards surgelés, décongelés et bien pressés pour les égoutter

① **Préparation du plat de cuisson.** Préchauffer le four à 400 °F (200 °C). Huiler légèrement un plat à gratin de 9 po x 13 po (23 cm x 33 cm). Réserver.

② **Préparation de la sauce au fromage.** Au mélangeur, moudre finement les noix de cajou. Ajouter la levure, le sel, la poudre d'oignon et d'ail et mélanger par à-coups. Dans une casserole, dissoudre la fécule de maïs dans le lait. Ajouter l'huile et cuire à feu moyen, en brassant souvent, jusqu'à ce que la préparation commence à épaissir. L'ajouter dans le mélangeur, et mélanger jusqu'à consistance crémeuse. Ajouter le miso et le jus de citron. Mélanger.

③ **Cuisson des pâtes.** Dans une grande casserole d'eau bouillante salée, cuire les pâtes jusqu'à ce qu'elles soient al dente. Égoutter et rincer à l'eau froide.

④ **Préparation de la garniture.** Dans une casserole, chauffer l'huile d'olive à feu moyen. Ajouter les champignons et cuire de 3 à 4 minutes. Dans un petit bol, mélanger le fromage, les œufs et le basilic frais. Incorporer les épinards et les champignons.

⑤ **Assemblage de la lasagne et cuisson.** Verser environ 1 t (250 ml) de la sauce marinara dans le plat à gratin. Couvrir d'une couche de lasagnes. Étendre le tiers de la garniture, puis verser 1 t (250 ml) de sauce marinara et le tiers de la sauce au fromage. Répéter ces opérations de manière à obtenir deux autres étages et terminer avec une couche de sauce marinara et de sauce au fromage. Couvrir de papier d'aluminium et cuire au four pendant 20 minutes. Retirer le papier d'aluminium et poursuivre la cuisson pendant 25 minutes ou jusqu'à ce que la lasagne soit dorée.

Fettucine Alfredo aux épinards

Un délice crémeux et facile à préparer qui deviendra un incontournable chez vous. Pour le rendre encore plus nutritif, vous pouvez l'agrémenter des légumes de votre choix, comme du brocoli vapeur ou des tomates séchées.

4 À 6 PORTIONS

1 lb (500 g) de fettucine

4 t (1 L) de petites feuilles d'épinards frais, équeutées

1 t (250 ml) de noix de cajou moulues finement

2 ½ t (625 ml) de lait de soja ou de lait d'amande nature non sucré

½ t (125 ml) de Crème sure de noix de cajou (page 57) ou de Crème sure de noix de coco (page 57)

¼ t (60 ml) de levure alimentaire

½ c. à thé (2 ml) de poudre d'ail

¼ c. à thé (1 ml) de sel de mer, ou plus au goût

poivre noir fraîchement moulu

(1) **Cuisson des pâtes.** Dans une grande casserole d'eau bouillante salée, cuire les pâtes selon les indications sur l'emballage ou jusqu'à ce qu'elles soient al dente. Égoutter et réserver.

(2) **Préparation des épinards.** Bien laver les épinards à l'eau froide, puis les éponger à l'aide d'essuie-tout.

(3) **Préparation de la sauce.** Au mélangeur ou au robot culinaire, mélanger les noix de cajou, le lait de soja, la crème sure, la levure alimentaire, la poudre d'ail et le sel jusqu'à consistance crémeuse. Transvider la sauce dans une casserole et cuire à feu moyen jusqu'à ce qu'elle soit bien chaude. Ajouter les épinards et cuire jusqu'à ce que les feuilles soient tombées et d'un vert vif, en brassant pour bien mélanger. Ajouter les pâtes et mélanger pour bien les enrober. Saler et poivrer. Servir aussitôt.

Pizza aux légumes et au pesto

Cette pizza est délicieuse parsemée de fromage de noix de cajou, mais toutes les variantes sont permises ! Débordante de légumes, de saveur et d'éléments nutritifs, elle n'a absolument rien à envier à celle du resto.

4 PORTIONS

CROÛTE À PIZZA DE BLÉ ENTIER

1½ t (375 ml) d'eau chaude

1 sachet (8 g) de levure sèche active

1 c. à tab (15 ml) de sucre

1 c. à thé (5 ml) d'huile d'olive extra vierge

1 c. à thé (5 ml) de sel de mer

2½ t (625 ml) de farine de blé entier

½ t (125 ml) de farine tout usage

PESTO VÉGÉTALIEN AU BASILIC

2 t (500 ml) de basilic frais

¾ t (180 ml) de pignons crus

2 grosses gousses d'ail

1 c. à tab (15 ml) de levure alimentaire

¼ c. à thé (1 ml) de sel de mer, ou plus au goût

¼ t (60 ml) d'huile d'olive extra vierge, ou plus au besoin

GARNITURE AUX LÉGUMES

1 t (250 ml) de Fromage de noix de cajou (page 58) râpé (facultatif)

2 t (500 ml) de tomates cerises mûres, coupées en deux

1 t (250 ml) de champignons café coupés en tranches

1 poivron vert épépiné, la tige et les membranes retirées, coupé en tranches

1 t (250 ml) de brocoli défait en bouquets

1 boîte (14 oz/398 ml) de cœurs d'artichauts égouttés, hachés

① **Préparation de la croûte.** Dans un grand bol, mélanger délicatement l'eau chaude, la levure et le sucre. Ajouter l'huile d'olive, le sel et la farine de blé entier et mélanger jusqu'à ce que la pâte soit homogène. Ajouter petit à petit la farine tout usage jusqu'à ce que la pâte commence à se détacher des bords du bol. Sur une surface farinée, pétrir la pâte de 4 à 5 minutes ou jusqu'à ce qu'elle soit élastique. Mettre la pâte dans un bol huilé. Couvrir le bol d'un linge humide et laisser lever dans un endroit chaud pendant 1 heure. Dégonfler la pâte avec le poing et la déposer sur une surface propre. La pétrir légèrement pour former une boule, la remettre dans le bol huilé et la laisser lever pendant 45 minutes.

② **Préparation de la plaque.** Préchauffer le four à 425 °F (220 °C). Huiler légèrement une plaque à pizza ou une plaque de cuisson. Réserver.

③ **Préparation du pesto.** Au robot culinaire, mélanger le basilic, les pignons, l'ail, la levure et le sel jusqu'à consistance granuleuse. Sans arrêter l'appareil, ajouter l'huile en filet et mélanger jusqu'à l'obtention d'une pâte tartinable, en ajoutant de l'huile, au besoin.

④ **Assemblage de la pizza et cuisson.** Façonner la pâte en un disque, puis l'abaisser pour obtenir une épaisseur de ⅛ à ¼ po (3 à 5 mm). Couvrir du pesto, puis parsemer de fromage, si désiré. Garnir des tomates cerises, des champignons, des poivrons, du brocoli et des cœurs d'artichauts. Cuire au four de 15 à 20 minutes ou jusqu'à ce que la croûte soit dorée. Couper en pointes et servir aussitôt.

Garniture aux œufs crémeuse

Quand il est question de garniture aux œufs, je suis très difficile. Trop de mayonnaise peut ruiner le sandwich, tout comme des œufs trop cuits ou l'absence d'oignons verts. (La plupart des recettes de garniture aux œufs ne contiennent pas d'oignons verts, mais à mon avis, cet ingrédient est un incontournable.) De toutes les garnitures aux œufs que j'ai goûtées et préparées, celle-ci est incontestablement la meilleure. On la sert avec du pain croûté ou sur un lit de laitue.

4 PORTIONS (COMME GARNITURE À SANDWICHS)

8 gros œufs biologiques

3 c. à tab (45 ml) de mayonnaise au tofu ou ordinaire, du commerce ou maison (page 138)

¼ t (60 ml) de yogourt d'amande nature non sucré, du commerce ou maison (page 64)

1 c. à thé (5 ml) de jus de citron

½ c. à thé (2 ml) de cari

⅛ c. à thé (0,5 ml) de sel de mer, ou plus au goût

1 grosse branche de céleri, bien lavée et coupée en tranches fines

¼ t (60 ml) d'oignons verts, hachés finement

¼ t (60 ml) de coriandre fraîche, hachée finement

poivre noir fraîchement moulu, au goût

① **Cuisson des œufs durs.** Dans un bol, mettre plusieurs tasses d'eau glacée. Dans une casserole juste assez grande pour les contenir, mettre les œufs en une seule couche. Verser suffisamment d'eau pour couvrir les œufs de 1 po (2,5 cm) et porter à ébullition à feu moyen-vif. Laisser bouillir pendant 1 minute, puis couvrir la casserole, éteindre le feu et laisser reposer pendant 7 minutes. Mettre les œufs dans le bol d'eau glacée pendant quelques minutes pour arrêter la cuisson.

② **Préparation de la garniture.** Écaler les œufs, les hacher grossièrement et les mettre dans un bol. Ajouter la mayonnaise, le yogourt, le jus de citron, le cari et le sel et bien mélanger en écrasant les œufs à la fourchette. (La texture doit être grumeleuse.) Ajouter le céleri, les oignons verts et la coriandre et mélanger. Saler et poivrer au goût. Servir froid.

Salade de chou crémeuse végétalienne

Une version plus santé de ce favori des pique-niques. Personne ne se doutera qu'elle est préparée avec du tofu et de la noix de coco à la place de la mayonnaise et des produits laitiers.

6 À 8 PORTIONS (EN ACCOMPAGNEMENT)

MAYONNAISE AU TOFU

1 bloc (12 oz/340 g) de tofu soyeux

5 c. à tab (75 ml) d'huile d'olive extra vierge

2 c. à tab (30 ml) de vinaigre de vin blanc

1 c. à thé (5 ml) de sel de mer, ou plus au goût

SALADE DE CHOU

2 c. à tab (30 ml) de moutarde de Dijon

2 c. à tab (30 ml) de vinaigre de cidre

1 c. à tab (15 ml) de jus de citron fraîchement pressé

¼ t (60 ml) de sucre

1 c. à thé (5 ml) de sel de mer, ou plus au goût

½ t (125 ml) de Crème sure de noix de coco (page 57)

2 choux verts (2 ½ à 3 lb/1,25 à 1,5 kg en tout), coupés en fines lanières

2 t (500 ml) de carottes râpées

½ t (125 ml) d'oignon rouge râpé

1. **Préparation de la mayonnaise au tofu.**
Au mélangeur ou au robot culinaire, réduire en purée lisse et crémeuse le tofu et son eau de trempage. Ajouter 1 c. à tab (15 ml) d'huile d'olive, le vinaigre et le sel et mélanger jusqu'à consistance homogène. Sans arrêter l'appareil, ajouter le reste de l'huile d'olive (4 c. à tab/60 ml) en un mince filet continu et mélanger jusqu'à ce que la mayonnaise soit épaisse et bien crémeuse.

2. **Préparation de la salade de chou.** Transvider la mayonnaise au tofu dans un grand bol et incorporer la moutarde de Dijon, le vinaigre de cidre, le jus de citron, le sucre, le sel et la crème sure. Ajouter le chou, la carotte et l'oignon et remuer pour bien enrober les légumes. Réfrigérer pendant au moins 4 heures ou jusqu'au lendemain pour attendrir le chou. Servir froid.

Purée de pommes de terre à l'ail

La crème de noix de coco rend cette purée aussi crémeuse que les purées au beurre et à la crème sure, et l'ail et la ciboulette lui donnent beaucoup de personnalité.

10 À 12 PORTIONS

2 boîtes (15 oz/450 ml chacune) de lait de coco entier, réfrigérées depuis la veille

4 lb (2 kg) de pommes de terre Russet pelées et coupées en cubes

1 c. à tab (15 ml) de sel de mer, ou plus au goût

eau pour la cuisson des pommes de terre

½ t (125 ml) d'ail frais, haché finement

½ t (125 ml) de ciboulette fraîche, hachée finement

poivre noir fraîchement moulu, pour servir

Crème sure de noix de coco (page 57), pour servir (facultatif)

① **Préparation de la crème de noix de coco.** Perforer les boîtes de lait de coco et égoutter le liquide. Retirer la crème de coco des boîtes et la mettre dans un petit bol. Réserver.

② **Cuisson des pommes de terre.** Dans une grande casserole, mettre les pommes de terre et le sel de mer et verser juste assez d'eau pour les couvrir d'environ 2 po (5 cm). Porter à ébullition à feu moyen-vif, réduire à feu moyen-doux et cuire de 15 à 20 minutes ou jusqu'à ce qu'elles soient très tendres. Retirer du feu et égoutter.

③ **Préparation de la purée.** Dans une petite casserole, mettre l'ail haché et la crème de noix de coco. Chauffer à feu moyen jusqu'à ce que la crème soit chaude, puis verser le mélange sur les pommes de terre. À l'aide d'un presse-purée, écraser les pommes de terre jusqu'à consistance crémeuse. Ajouter la ciboulette et remuer juste assez pour l'incorporer. Saler au goût. Servir la purée aussitôt, parsemée d'un peu de poivre et accompagnée de crème sure, si désiré.

Petits pains au babeurre

Ces petits pains moelleux ne restent jamais longtemps dans la corbeille à pain. Pour une version végétalienne, omettre la dorure à l'œuf et badigeonner les pains de lait de soja ou de lait d'amande avant de les cuire.

RENDEMENT : 12 PETITS PAINS

2 t (500 ml) plus 2 c. à tab (30 ml) de lait de soja chaud

2 c. à tab (30 ml) de jus de citron

1 c. à tab (15 ml) d'huile de noix de coco fondue, et un peu plus pour servir

1 sachet (8 g) de levure sèche active

2 c. à tab (30 ml) de miel liquide ou de sirop d'agave

5 ½ à 6 t (1,375 à 1,5 L) de farine tout usage

1 c. à tab (15 ml) de sel de mer

1 gros œuf

(1) **Préparation du babeurre au lait de soja.** Dans un petit bol ou une assiette, à l'aide d'un fouet, mélanger le lait de soja chaud, le jus de citron et l'huile de noix de coco jusqu'à l'obtention d'une préparation homogène.

(2) **Préparation de la pâte.** Dans un grand bol ou le bol d'un batteur sur socle, mélanger le babeurre, la levure, le miel et la moitié de la farine en battant jusqu'à ce que la préparation soit homogène. Ajouter le sel et le reste de la farine, ½ t (125 ml) à la fois, et mélanger jusqu'à ce que la pâte commence à se détacher des bords du bol, sans être ni trop collante ni trop sèche. Sur une surface légèrement farinée, pétrir la pâte jusqu'à ce qu'elle soit élastique, puis la remettre dans le bol, couvrir d'un linge humide et laisser lever pendant 3 heures ou jusqu'à ce que la pâte ait doublé de volume.

(3) **Préparation du plat de cuisson.** Huiler légèrement un moule à charnière de 10 po (25 cm) de diamètre.

(4) **Préparation des petits pains.** Diviser la pâte en 12 portions égales. Sur une surface propre, façonner chaque portion de pâte en une boule. Disposer les boules de pâte au fur et à mesure dans le moule à charnière. Couvrir d'un linge propre et laisser lever la pâte dans un endroit chaud pendant 1 heure.

(5) **Cuisson.** Préchauffer le four à 375 °F (190 °C). Dans un petit bol, à l'aide d'un fouet, bien battre l'œuf. Badigeonner les petits pains de l'œuf battu. Cuire au four de 40 à 45 minutes ou jusqu'à ce que les petits pains soient dorés. Laisser reposer dans le moule de 5 à 10 minutes, puis badigeonner d'un peu d'huile de noix de coco, au goût. Servir chaud en laissant les convives se servir directement dans le moule.

Casserole de haricots verts

Les haricots frais, la sauce aux champignons maison et les rondelles d'oignon cuites au four font de ce plat festif un accompagnement plus santé, sans produits laitiers.

6 À 8 PORTIONS

RONDELLES D'OIGNON CUITES AU FOUR

2 t (500 ml) de farine tout usage

1 c. à tab (15 ml) plus 2 c. à thé (10 ml) de sel

4 gros œufs, bien battus

¼ t (60 ml) de lait d'amande ou de lait de soja non sucré

2 ½ t (625 ml) de chapelure japonaise (de type panko)

¼ t (60 ml) d'huile d'olive

2 oignons jaunes doux (de type Vidalia), coupés en tranches et défaits en rondelles

HARICOTS VERTS ET SAUCE CRÉMEUSE

5 t (1,25 L) de bouillon de légumes

4 t (1 L) de haricots verts frais, coupés en morceaux

¼ t (60 ml) d'huile de noix de coco

½ t (125 ml) d'oignon coupé en dés

1 t (250 ml) de champignons café coupés en tranches

3 c. à tab (45 ml) de farine tout usage

4 t (1 L) de lait d'amande ou de lait de soja non sucré

½ c. à thé (2 ml) de sel de mer, ou plus au goût

½ t (125 ml) de crème de noix de coco

(1) **Préparation des plaques de cuisson.** Préchauffer le four à 450 °F (230 °C). Tapisser deux plaques de cuisson de papier-parchemin. Réserver.

(2) **Préparation des rondelles d'oignon.** Dans un bol, mélanger la farine et 1 c. à tab (15 ml) de sel. Dans un autre bol, fouetter les œufs et le lait d'amande. Dans un troisième bol, mélanger la chapelure, l'huile d'olive et le reste du sel (2 c. à thé/10 ml). Passer les rondelles d'oignon, une à la fois, dans le mélange de farine, les tremper dans les œufs, puis les passer dans la chapelure. Les disposer au fur et à mesure sur les plaques de cuisson. Cuire au four de 15 à 20 minutes ou jusqu'à ce qu'elles soient dorées.

(3) **Préparation des haricots et de la sauce.** Réduire la température du four à 350 °F (180 °C). Huiler légèrement un plat à gratin d'une capacité de 8 t (2 L). Dans une grande casserole, porter à ébullition le bouillon avec les haricots verts. Cuire de 8 à 10 minutes ou jusqu'à ce que les haricots commencent à ramollir. Égoutter. Dans un poêlon à fond épais, chauffer l'huile à feu moyen. Ajouter l'oignon et cuire, en brassant souvent, de 4 à 6 minutes. Ajouter les champignons et poursuivre la cuisson de 3 à 4 minutes. Ajouter la farine et poursuivre la cuisson pendant 1 minute en brassant vigoureusement. Ajouter petit à petit le lait d'amande en continuant de brasser. Saler. Ajouter les haricots, la crème de noix de coco et la moitié des rondelles d'oignon et mélanger délicatement.

(4) **Cuisson.** Verser le mélange dans le plat à gratin. Cuire au four pendant 20 minutes, puis garnir du reste des rondelles d'oignon et poursuivre la cuisson pendant 10 minutes ou jusqu'à ce que la casserole soit bouillonnante.

Gratin de pommes de terre

Dans cette version végétalienne et sans produits laitiers, les pommes de terre cuisent dans une sauce crémeuse au lait de soja et sont parsemées d'une chapelure maison.

4 À 6 PORTIONS

POMMES DE TERRE

6 pommes de terre Russet (environ 2 à 3 lb/1 à 1,5 kg en tout) bien brossées et coupées en tranches de ¼ po (5 mm) d'épaisseur

1 gros oignon jaune, coupé en tranches et défait en rondelles

sel de mer et poivre noir fraîchement moulu

SAUCE À LA CRÈME

¼ t (60 ml) de margarine de soja non hydrogénée ou d'huile de noix de coco

3 c. à tab (45 ml) de farine tout usage

2 t (500 ml) de lait de soja ou de lait d'amande nature non sucré

½ c. à thé (2 ml) de sel de mer, ou plus au goût

1 t (250 ml) de Fromage de noix de cajou (page 58) ou d'autre fromage sans produits laitiers, râpé

CHAPELURE MAISON

4 tranches de pain de blé entier grillées

1 c. à tab (15 ml) d'huile d'olive

1 c. à thé (5 ml) d'origan séché

½ c. à thé (2 ml) de thym séché

½ c. à thé (2 ml) de sel de mer

(1) **Préparation des pommes de terre.** Préchauffer le four à 375 °F (190 °C). Graisser légèrement un plat à gratin d'une capacité de 6 t (1,5 L). Étendre la moitié des tranches de pommes de terre dans le plat à gratin. Couvrir des rondelles d'oignon, puis couvrir du reste des pommes de terre. Saler et poivrer.

(2) **Préparation de la sauce à la crème.** Dans un poêlon à fond épais, chauffer la margarine de soja ou l'huile de noix de coco à feu moyen. Ajouter la farine et poursuivre la cuisson pendant 1 minute en brassant sans arrêt pour éviter que la farine ne brûle. Ajouter petit à petit le lait de soja en continuant de brasser. Ajouter le sel et le fromage et bien mélanger. Poursuivre la cuisson pendant 1 minute, puis verser la sauce sur les pommes de terre.

(3) **Assemblage et cuisson.** Au robot culinaire, réduire en miettes les tranches de pain grillées. Ajouter l'huile d'olive, l'origan, le thym et le sel et bien mélanger. Parsemer le plat de chapelure et cuire au four, à découvert, pendant environ 1 heure ou jusqu'à ce que le dessus soit doré et bouillonnant. (Si la chapelure grille trop rapidement, couvrir le plat de papier d'aluminium.) Servir chaud.

Casserole de patates douces aux pacanes

Le sirop d'érable, les pacanes, la crème de noix de coco, les épices et l'huile de noix de coco rendent ce plat savoureux, festif et mémorable.

6 À 8 PORTIONS

PURÉE DE PATATES DOUCES

2 boîtes (15 oz/450 ml chacune) de lait de coco entier, réfrigérées depuis la veille

1 c. à thé (5 ml) de jus de citron fraîchement pressé

½ c. à thé (2 ml) de vanille

5 t (1,25 L) de patates douces coupées en cubes d'environ 1 po (2,5 cm)

eau pour la cuisson

½ t (125 ml) de sirop d'érable pur

¼ t (60 ml) de pacanes moulues finement

¾ c. à thé (4 ml) de sel de mer

1 c. à thé (5 ml) de cannelle moulue

¼ c. à thé (1 ml) de gingembre moulu

¼ c. à thé (1 ml) de muscade moulue

2 c. à tab (30 ml) d'huile de noix de coco fondue

GARNITURE AUX PACANES

½ t (125 ml) d'huile de noix de coco à la température ambiante

¼ t (60 ml) de cassonade tassée

¼ t (60 ml) de sirop d'érable pur

¾ t (180 ml) de pacanes hachées finement

① **Préparation de la crème de noix de coco.** Préchauffer le four à 325 °F (160 °C). Huiler légèrement un plat à gratin de 9 po x 13 po (23 cm x 33 cm). Perforer les boîtes de lait de coco et égoutter le liquide. Retirer la crème de coco des boîtes et la mettre dans un petit bol. Ajouter le jus de citron et la vanille et mélanger. Réserver.

② **Préparation de la purée.** Dans une grande casserole, mettre les patates douces et verser juste assez d'eau pour les couvrir. Porter à ébullition, réduire le feu et cuire de 10 à 15 minutes ou jusqu'à ce que les patates douces soient très tendres. À l'aide d'une passoire, égoutter les patates douces. Au robot culinaire, les réduire en purée lisse. Ajouter le sirop d'érable, les pacanes, le sel, la cannelle, le gingembre, la muscade et l'huile de noix de coco et mélanger jusqu'à consistance homogène. Ajouter le mélange de crème de noix de coco et mélanger jusqu'à consistance homogène. Transvider le mélange dans le plat à gratin.

③ **Préparation de la garniture et cuisson.** Dans un petit bol, mélanger l'huile de noix de coco, la cassonade, le sirop d'érable et les pacanes hachées. Parsemer le mélange de patates douces de cette garniture et cuire au centre du four de 30 à 35 minutes ou jusqu'à ce que le dessus soit doré et bouillonnant. Servir chaud.

Pelures de pommes de terre garnies

Cet accompagnement classique a subi une métamorphose santé grâce au bacon de dinde biologique, à la crème sure de noix de cajou et au fromage de noix de cajou.

RENDEMENT : 8 DEMI-POMMES DE TERRE FARCIES

4 grosses pommes de terre Russet, bien brossées

8 tranches de bacon de dinde biologique

1 t (250 ml) de Crème sure de noix de cajou (page 57) ou de Crème sure de noix de coco (page 57)

½ t (125 ml) de lait d'amande ou de lait de soja nature non sucré

½ c. à thé (2 ml) de sel de mer, ou plus au goût

1 t (250 ml) de Fromage de noix de cajou (page 58) râpé

½ t (125 ml) d'oignons verts hachés, les parties blanche et vert pâle seulement

poivre noir fraîchement moulu

① **Cuisson des pommes de terre.** Préchauffer le four à 400 °F (200 °C). Emballer les pommes de terre dans du papier d'aluminium et cuire au four pendant 1 heure 15 minutes ou jusqu'à ce qu'elles soient complètement cuites. Retirer les pommes de terre du four, enlever le papier d'aluminium et les laisser refroidir suffisamment pour qu'il soit possible de les manipuler. Réduire la température du four à 350 °F (180 °C).

② **Cuisson du bacon.** Dans un grand poêlon à fond épais, disposer les tranches de bacon de dinde en une seule couche et cuire à feu moyen-vif, en les retournant de temps à autre, jusqu'à ce qu'elles soient dorées et croustillantes. À l'aide d'une écumoire ou d'une spatule, déposer le bacon dans une assiette tapissée d'essuie-tout pour l'égoutter. Émietter le bacon et réserver.

③ **Préparation de la garniture et cuisson du plat.** Couper les pommes de terre en deux sur la longueur. À l'aide d'une cuillère, retirer la chair des pommes de terre et la mettre dans un petit bol (prendre soin de ne pas percer la peau). Disposer les pelures de pommes de terre sur une grande plaque de cuisson. Dans le bol, ajouter la crème sure, le lait d'amande et le sel et écraser la chair des pommes de terre à la fourchette jusqu'à l'obtention d'une texture crémeuse. Ajouter le bacon émietté, le fromage et les oignons verts et bien mélanger. À l'aide d'une cuillère, farcir les pelures de pommes de terre de ce mélange. Poivrer et cuire au four de 15 à 20 minutes. Servir chaud.

Chapitre 12

LES DESSERTS

POUR LES CUISINIERS NON INITIÉS, les desserts sans produits laitiers représentent souvent tout un défi. La pâtisserie exige de la précision, et le fait de changer un seul ingrédient peut vraiment jouer sur le résultat final. L'huile de coco, les huiles liquides et la margarine réagissent différemment à la chaleur. De plus, un lait végétal gras comme le lait de coco donne un résultat différent de celui donné par un lait végétal léger comme le lait de riz. Par conséquent, bien des premiers essais peuvent tourner au désastre.

Nutritivement parlant, il est presque impossible de considérer un dessert comme un aliment santé. Mais alors que de nombreux desserts ont un contenu en gras très élevé, particulièrement les gâteaux, biscuits et tartes à base de beurre, ceux que vous faites vous-même sont au moins un peu plus santé et tout aussi délicieux. Les desserts sans cuisson tels que le Gâteau au fromage à l'avocat (page 163) offrent aussi des bienfaits sur le plan de la nutrition. Par ailleurs, le tofu donne à la Tarte au chocolat et au beurre d'arachide (page 151) sa consistance crémeuse, alors que l'huile de coco fait un Glaçage velouté au chocolat (page 148) inégalé. Dès que vous plongerez votre cuillère dans la Crème brûlée à la noix de coco (page 152) ou que vous prendrez votre première bouchée de Crème glacée aux brisures de chocolat et à la menthe (page 160), vous serez convaincu : toutes ces douceurs maison sont absolument exquises !

Barres aux pommes

À mi-chemin entre la tarte et la croustade aux pommes, ces barres combinent le meilleur des deux mondes, avec une croûte feuilletée et une garniture mi-tendre, mi-croquante. Elles sont sans produits laitiers et végétaliennes.

RENDEMENT : 12 À 16 BARRES

CROÛTE À L'HUILE DE COCO

½ t (125 ml) d'huile de coco réchauffée

½ t (125 ml) de margarine de soja non hydrogénée, à la température ambiante

¾ t (180 ml) de cassonade

½ c. à thé (2 ml) de sel de mer

½ c. à thé (2 ml) de vanille

2 t (500 ml) de farine tout usage

GARNITURE AUX POMMES VERTES

5 t (1,25 L) de pommes vertes, pelées et hachées

½ c. à thé (2 ml) de cannelle moulue

1 c. à tab (15 ml) de jus de citron

¾ t (180 ml) d'eau

½ t (125 ml) de sucre de canne non raffiné

GARNITURE À L'AVOINE

1½ t (375 ml) de farine tout usage

½ t (125 ml) de flocons d'avoine

1½ c. à tab (22 ml) de poudre à pâte

¼ t (60 ml) de sucre de canne non raffiné, et un peu plus pour saupoudrer

6 c. à tab (90 ml) d'huile de coco à la température ambiante ou légèrement chauffée

½ t (125 ml) de lait d'amande ou de soja nature non sucré, à la température ambiante

① **Préparation de la croûte.** Préchauffer le four à 325 °F (160 °C). Huiler légèrement un plat allant au four de 9 po x 13 po (23 cm x 33 cm). Mettre l'huile de coco et la margarine de soja non hydrogénée dans un bol. Fouetter à l'aide d'un batteur à main électrique jusqu'à l'obtention d'une consistance crémeuse. Ajouter la cassonade et le sel et brasser jusqu'à l'obtention d'une consistance lisse. Incorporer la vanille. Ajouter petit à petit la farine jusqu'à ce que le mélange soit homogène. Presser le mélange dans le fond du plat et réfrigérer 30 minutes, jusqu'à ce qu'il soit pris. Cuire au four pendant 25 minutes ou jusqu'à ce que la croûte soit légèrement dorée. Laisser refroidir complètement sur une grille pendant la préparation des garnitures. Augmenter la température du four à 350 °F (180 °C).

② **Préparation de la garniture aux pommes.** Mélanger tous les ingrédients de la garniture dans une casserole. Cuire à feu moyen, en brassant pour dissoudre le sucre. Porter à ébullition, puis réduire à feu doux et cuire de 8 à 10 minutes, en brassant souvent, jusqu'à ce que les pommes soient sirupeuses et molles sans être défaites.

③ **Préparation de la garniture à l'avoine.** Au robot culinaire, mélanger la farine, les flocons d'avoine, la poudre à pâte et le sucre en activant et en arrêtant successivement l'appareil. Ajouter l'huile de coco et mélanger jusqu'à ce que le mélange soit grumeleux. Avec le moteur en marche, incorporer le lait d'amande jusqu'à ce que la préparation commence à se tenir.

④ **Assemblage et cuisson.** Étendre la garniture aux pommes uniformément sur la croûte. Avec les doigts, prélever de petites quantités de garniture à l'avoine et les presser délicatement sur la garniture aux pommes. (Il n'est pas obligatoire de tout couvrir, car la garniture va s'étendre.) Saupoudrer de sucre et cuire au four de 35 à 40 minutes ou jusqu'à ce que la croustade soit gonflée et bien dorée. Laisser refroidir complètement dans le plat, puis découper en barres ou en carrés.

Cupcakes au chocolat de trois façons

Pour le glaçage, vous avez le choix entre beurre d'arachide, framboises ou chocolat velouté — ou faites les trois ! Cette savoureuse recette sans produits laitiers et végétalienne saura satisfaire vos irrépressibles envies de cupcakes au chocolat, peu importe la variante que vous choisissez.

RENDEMENT : 12 PETITS GÂTEAUX

PETITS GÂTEAUX AU CHOCOLAT

1 t (250 ml) de farine tout usage

⅓ t (80 ml) de poudre de cacao non sucrée

¾ c. à thé (4 ml) de bicarbonate de sodium

½ c. à thé (2 ml) de poudre à pâte

¼ c. à thé (1 ml) de sel de mer

1 t (250 ml) de lait de coco

½ t (125 ml) de sucre de canne non raffiné

¼ t (60 ml) de sirop d'érable
à la température ambiante

⅓ t (80 ml) d'huile de coco fondue

1 c. à thé (5 ml) de vinaigre de cidre

1 c. à thé (5 ml) de vanille

GLAÇAGE AU BEURRE D'ARACHIDE

⅓ t (80 ml) de beurre d'arachide crémeux,
à la température ambiante

⅓ t (80 ml) d'huile de coco fondue

2½ à 3 t (625 à 750 ml) de sucre glace

2 à 3 c. à tab (30 à 45 ml) de lait d'amande
non sucré, à la température ambiante

GLAÇAGE AUX FRAMBOISES

½ t (125 ml) de margarine de soja non hydrogénée

¼ t (60 ml) de framboises fraîches

2 à 3 t (500 à 750 ml) de sucre glace

1 c. à tab (15 ml) de lait d'amande non sucré,
ou plus au besoin

GLAÇAGE VELOUTÉ AU CHOCOLAT

2 t (500 ml) de sucre glace

¾ t (180 ml) de poudre de cacao non sucrée

¼ t (60 ml) d'huile de coco fondue

¼ t (60 ml) de lait d'amande non sucré,
à la température ambiante

½ c. à thé (2 ml) de vanille

① **Préparation des petits gâteaux.** Préchauffer le four à 350 °F (180 °C). Tapisser 12 moules à muffins de moules en papier. Dans un grand bol, tamiser la farine, la poudre de cacao, le bicarbonate de sodium, la poudre à pâte et le sel de mer. Dans un autre bol, fouetter le lait de coco, le sucre, le sirop d'érable, l'huile de coco, le vinaigre de cidre et la vanille. Ajouter les ingrédients secs aux ingrédients liquides, en brassant pour mélanger les ingrédients, sans plus. À l'aide d'une cuillère à crème glacée, remplir les moules à muffins aux trois quarts. Cuire au four de 15 à 20 minutes, jusqu'à ce que les gâteaux reprennent leur forme sous une légère pression du doigt. Laisser refroidir complètement les petits gâteaux sur une grille avant de les glacer avec le glaçage désiré.

② **Préparation du glaçage au beurre d'arachide.**
Mettre le beurre d'arachide et l'huile de coco fondue
dans un grand bol. À l'aide d'un batteur à main
électrique, battre les ingrédients. Ajouter petit à
petit le sucre glace, puis le lait d'amande, jusqu'à ce
que le glaçage soit lisse et crémeux. Garnir aussitôt
les petits gâteaux refroidis du glaçage.

Préparation du glaçage aux framboises. Mettre
la margarine de soja dans un grand bol et battre
jusqu'à l'obtention d'une consistance crémeuse.
Ajouter les framboises, le sucre glace et le lait
d'amande, en battant jusqu'à ce que le glaçage
s'amalgame et devienne épais et crémeux.
Réfrigérer 10 minutes, puis garnir les petits gâteaux
refroidis du glaçage.

Préparation du glaçage velouté au chocolat.
Mélanger le sucre glace et la poudre de cacao dans
un grand bol. Ajouter l'huile de coco et battre
jusqu'à ce que le mélange s'amalgame, mais
demeure raide et forme des mottes. Ajouter le lait
d'amande et la vanille et battre jusqu'à l'obtention
d'une consistance lisse et crémeuse. Garnir aussitôt
les petits gâteaux refroidis du glaçage.

Pouding au chocolat et au lait de coco

Un pouding riche que vous pouvez préparer un jour de semaine, mais qui fait aussi un joli dessert quand vous recevez. Les flocons de noix de coco rôtis ne prennent que quelques minutes à préparer et ajoutent une touche chic.

4 PORTIONS

FLOCONS DE NOIX DE COCO RÔTIS

1 t (250 ml) de gros flocons de noix de coco

POUDING AU CHOCOLAT ET AU LAIT DE COCO

3 c. à tab (45 ml) de fécule de maïs

3 c. à tab (45 ml) d'eau froide

1 boîte (15 oz/450 ml) de lait de coco léger

⅓ t (80 ml) plus 2 c. à tab (30 ml) de sucre biologique

¼ t (60 ml) de poudre de cacao non sucrée

1 pincée de sel

½ t (125 ml) de lait d'amande nature non sucré

⅓ t (80 ml) de brisures de chocolat sans produits laitiers

½ c. à thé (2 ml) d'essence de noix de coco

copeaux de chocolat noir sans produits laitiers, pour garnir

① **Préparation de la noix de coco.** Préchauffer le four à 350 °F (180 °C). Étendre les flocons de noix de coco sur une plaque à biscuits non graissée et cuire au four de 3 à 5 minutes ou jusqu'à ce qu'ils soient légèrement dorés. Retirer du four et laisser refroidir complètement. (Les flocons se conservent dans un contenant hermétique à la température ambiante jusqu'à 3 jours.)

② **Préparation du pouding.** Dans un petit bol, fouetter la fécule de maïs et l'eau jusqu'à ce que la fécule soit dissoute. Dans une petite casserole, mélanger le lait de coco, le sucre, la poudre de cacao et le sel et chauffer à feu moyen. Ajouter petit à petit le lait d'amande, en brassant sans arrêt jusqu'à ce que le mélange soit lisse. Cuire, en continuant de brasser, jusqu'à ce que le mélange dégage de la vapeur à la surface et forme une mince peau. Retirer du feu avant l'ébullition. Ajouter les brisures de chocolat, en remuant à quelques reprises pour les empêcher de rester au fond de la casserole. Laisser reposer 3 minutes, puis remuer pour incorporer le chocolat fondu. Incorporer le mélange de fécule de maïs et l'essence de noix de coco, puis remettre la casserole sur feu moyen. Cuire de 2 à 3 minutes, en brassant sans arrêt, jusqu'à ce que le pouding ait épaissi.

③ **Réfrigération et service.** Verser le pouding dans un plat à l'épreuve de la chaleur et couvrir directement la surface d'une pellicule de plastique pour empêcher la formation d'une peau. Laisser refroidir de 15 à 20 minutes à la température ambiante, puis réfrigérer de 2 à 3 heures ou jusqu'à ce qu'il soit pris. Servir froid, garni des flocons de noix de coco grillés et des copeaux de chocolat.

Tarte au chocolat et au beurre d'arachide

Tous les adeptes d'un régime végétalien ou sans produits laitiers ont une version de cette tarte classique à base de tofu. Voici la mienne, préparée avec une croûte de chapelure Graham et d'huile de coco, une ganache simple au chocolat et une ganache crémeuse au beurre d'arachide. N'oubliez pas de réserver environ un quart de la ganache au chocolat pour décorer la tarte de jolies volutes.

RENDEMENT : UNE TARTE DE 9 PO (23 CM), OU 8 PORTIONS

CROÛTE GRAHAM

1½ t (375 ml) de chapelure Graham
    sans produits laitiers
⅓ t (80 ml) de sucre de canne non raffiné
½ t (125 ml) d'huile de coco fondue

GANACHE AU CHOCOLAT

1 t (250 ml) de lait de chanvre ou lait de soja
    non sucré, ou lait de coco entier
2½ t (625 ml) de brisures de chocolat noir
    sans produits laitiers
¼ t (60 ml) de sirop d'érable

GANACHE AU BEURRE D'ARACHIDE

1 boîte (15 oz/450 ml) de lait de coco entier,
    réfrigérée depuis la veille
1 bloc (350 g) de tofu soyeux ferme
1⅓ t (330 ml) de beurre d'arachide crémeux
¼ t (60 ml) de sucre de canne biologique non raffiné
⅓ t (80 ml) de sucre glace

copeaux de chocolat noir sans produits laitiers,
    pour garnir

① **Préparation de la croûte.** Préchauffer le four à 350 °F (180 °C). Graisser légèrement un moule à tarte de 9 po (23 cm). Dans un petit bol, mélanger la chapelure Graham, le sucre et l'huile de coco, en travaillant le mélange avec les doigts jusqu'à ce qu'il se tienne. Presser la croûte au fond et sur les parois du moule et cuire au four de 8 à 10 minutes ou jusqu'à ce qu'elle soit légèrement dorée. Laisser refroidir complètement.

② **Préparation de la ganache au chocolat.** Mettre le lait végétal, les brisures de chocolat et le sirop d'érable dans une petite casserole. Cuire à feu doux en brassant sans arrêt jusqu'à ce que le chocolat soit complètement fondu et luisant. Transvider la ganache dans un bol à l'épreuve de la chaleur et laisser refroidir à la température ambiante pendant 30 minutes, en brassant de temps à autre. Verser la moitié de la ganache dans la croûte refroidie, en badigeonnant les parois pour couvrir toute la surface. Réfrigérer pendant 30 minutes. Badigeonner la moitié du reste de la ganache sur la première couche de chocolat. (La ganache sera encore un peu coulante ; éviter de la verser d'un coup pour empêcher qu'elle fige inégalement.) Remettre la tarte au réfrigérateur 30 minutes.

③ **Préparation de la ganache au beurre d'arachide.** Perforer la boîte de lait de coco et égoutter le liquide. Retirer ½ t (125 ml) de la crème de coco de la boîte et la mettre dans un petit bol. Au mélangeur, réduire le tofu soyeux en une crème lisse. Ajouter le beurre d'arachide, les sucres et la crème de coco et mélanger jusqu'à l'obtention d'une consistance très lisse et crémeuse. Verser la préparation sur la ganache au chocolat dans la croûte. Verser le reste de la ganache au chocolat sur le dessus, en l'incorporant délicatement avec une spatule pour créer des volutes. Réfrigérer 2 heures ou jusqu'à ce que la tarte soit prise. Garnir de copeaux de chocolat. Servir froid.

Crème brûlée à la noix de coco

La crème de coco et les jaunes d'œufs donnent une crème onctueuse et savoureuse. Lorsque vous recevez, vous pouvez préparer, cuire et réfrigérer les crèmes la veille, puis, quelques heures avant de servir, les passer sous le gril et les réfrigérer de nouveau.

4 PORTIONS

6 jaunes d'œufs

½ t (125 ml) de sucre

½ c. à thé (2 ml) de vanille

3 boîtes (15 oz/450 ml chacune) de lait de coco entier, réfrigérées depuis la veille

① **Préparation des ramequins.** Préchauffer le four à 300 °F (150 °C). Placer 4 ramequins sur une plaque à pâtisserie munie de rebords ou dans un grand plat allant au four. Remplir la partie inférieure d'un bain-marie d'eau et porter à ébullition.

② **Préparation de la crème.** Dans un petit bol, battre les jaunes d'œufs avec ¼ t (60 ml) du sucre et la vanille jusqu'à ce que le mélange soit épais et jaune pâle. Perforer les boîtes de lait de coco et égoutter le liquide. Retirer la crème de coco des boîtes (il devrait y en avoir environ 2 ½ t/625 ml), la mettre dans une petite casserole et chauffer à feu doux jusqu'à ce qu'elle atteigne le point d'ébullition, sans bouillir. Retirer du feu. Incorporer la moitié de la crème de coco dans le mélange de jaunes d'œufs en fouettant vigoureusement pour éviter de cuire les

œufs. Incorporer le reste de la crème de coco en fouettant. Verser la préparation dans la partie supérieure du bain-marie et chauffer de 2 à 3 minutes au-dessus d'une eau frémissante, en brassant constamment jusqu'à ce que la crème soit suffisamment épaisse pour napper le dos d'une cuillère. (Si la crème devient mousseuse, elle a été trop fouettée ; la laisser reposer quelques minutes sur le comptoir avant de poursuivre la recette.)

③ **Cuisson des crèmes.** Verser la crème dans les ramequins, mettre la plaque à pâtisserie au four et cuire 30 minutes. Laisser refroidir complètement, puis réfrigérer jusqu'au lendemain.

④ **Finition et réfrigération.** Préchauffer le gril du four. Saupoudrer les crèmes du reste du sucre (¼ t/60 ml). Passer les ramequins sous le gril de 2 à 3 minutes ou jusqu'à ce que le sucre soit fondu, en prenant soin de ne pas le laisser brûler (il peut y avoir quelques traces de sucre brûlé, mais il faut éviter de calciner la surface). Laisser refroidir les crèmes brûlées, puis les réfrigérer de 1 à 2 heures, jusqu'à ce qu'elles soient prises. Servir froid.

Cupcakes au chocolat fourrés à la crème

La version végétalienne de ce favori est tout aussi délicieuse et un peu plus santé. À servir au plus tard deux jours après la confection.

RENDEMENT : 12 PETITS GÂTEAUX

GARNITURE À LA CRÈME

2 boîtes (15 oz/450 ml chacune) de lait de coco

1 t (250 ml) de lait d'amande non sucré

⅓ t (80 ml) de sucre de canne non raffiné

⅛ c. à thé (0,5 ml) de sel de mer

1 c. à thé (5 ml) de vanille

3 c. à tab (45 ml) de fécule de maïs

PETITS GÂTEAUX AU CHOCOLAT

1 t (250 ml) de farine tout usage

⅓ t (80 ml) de poudre de cacao

¾ c. à thé (4 ml) de bicarbonate de sodium

½ c. à thé (2 ml) de poudre à pâte

¼ c. à thé (1 ml) de sel de mer

1 t (250 ml) de lait de coco

½ t (125 ml) de sucre de canne non raffiné

¼ (60 ml) de cassonade biologique

⅓ t (80 ml) d'huile de canola

1 c. à thé (5 ml) chacun de vinaigre de cidre et de vanille

GLACE AU CHOCOLAT

1 t (250 ml) de lait de chanvre ou de soja non sucré, ou lait de coco entier

2 ½ t (625 ml) de brisures de chocolat noir sans produits laitiers

① **Préparation de la garniture.** Perforer les boîtes de lait de coco et égoutter le liquide. Retirer la crème de coco des boîtes et la mettre dans une casserole. Incorporer ¾ t (180 ml) du lait d'amande, le sucre, le sel et la vanille. Dans un bol, mélanger le reste du lait et la fécule, puis verser dans la casserole. Cuire à feu moyen pendant 5 minutes, en brassant sans arrêt jusqu'à ce que le mélange ait épaissi. Verser dans un bol et couvrir la surface d'une pellicule de plastique. Réfrigérer de 3 à 4 heures ou jusqu'à ce que la crème soit prise.

② **Préparation des petits gâteaux.** Préchauffer le four à 350 °F (180 °C). Dans un bol, tamiser les ingrédients secs. Dans un autre bol, mélanger le lait de coco, le sucre, la cassonade, l'huile, le vinaigre et la vanille. Ajouter les ingrédients secs et mélanger jusqu'à l'obtention d'une consistance lisse. Verser la pâte dans 12 moules à muffins (les remplir aux trois quarts). Cuire au four de 15 à 20 minutes. Laisser refroidir complètement.

③ **Préparation de la glace.** Mettre le lait et les brisures de chocolat dans une casserole. Cuire à feu doux, en brassant, jusqu'à ce que le chocolat soit fondu. Verser la glace dans un bol et réfrigérer 30 minutes en brassant de temps à autre.

④ **Assemblage des petits gâteaux.** Découper un rond de 1 po (2,5 cm) sur le dessus des petits gâteaux, en tenant le couteau à angle de manière à former un petit trou. Mettre 2 c. à tab (30 ml) de la garniture dans chaque trou, puis replacer les morceaux de gâteau. Réfrigérer 10 minutes. Étendre la glace au chocolat sur les petits gâteaux, puis les réfrigérer encore 15 minutes. Servir froid.

Gâteau aux carottes et aux noix

Parfumé à la cannelle et au gingembre, débordant de noix de Grenoble, de noix de coco et de pacanes, et préparé avec de bons ingrédients comme des dattes, des carottes et de l'huile de coco : voici l'un des gâteaux aux carottes les plus santé et les plus savoureux que vous aurez l'occasion de goûter.

RENDEMENT : UN GÂTEAU DE 10 PO (25 CM), OU 10 À 12 PORTIONS

GÂTEAU AUX CAROTTES

1 c. à tab (15 ml) d'huile de coco ou de margarine

1 t (250 ml) de dattes Medjool, hachées

eau bouillante, pour faire tremper

¾ t (180 ml) de sirop d'érable

½ t (125 ml) d'huile de coco fondue

1 c. à thé (5 ml) de vanille

1 c. à thé (5 ml) de jus de citron

3 gros œufs

1¼ t (310 ml) de farine tout usage

½ t (125 ml) de farine à pâtisserie de blé entier

1 c. à thé (5 ml) de cannelle moulue

½ c. à thé (2 ml) de gingembre moulu

¾ c. à thé (4 ml) de poudre à pâte

¾ c. à thé (4 ml) de sel de mer

1 t (250 ml) de noix de Grenoble moulues

1 t (250 ml) de flocons de noix de coco

½ t (125 ml) de pacanes hachées finement

1 t comble (265 ml) de carottes râpées

½ t (125 ml) de raisins secs dorés

GLAÇAGE AU FROMAGE À LA CRÈME AUX NOIX DE CAJOU

½ t (125 ml) de Fromage à la crème de noix de cajou (page 63)

½ t (125 ml) de margarine non hydrogénée ramollie

3½ t (875 ml) de sucre glace

¼ t (60 ml) de lait d'amande non sucré

½ c. à thé (2 ml) de vanille

(1) **Préparation du mélange d'œufs.** Préchauffer le four à 325 °F (160 °C). Graisser légèrement un moule à charnière de 10 po (25 cm) avec l'huile de coco. Mettre les dattes hachées dans un petit bol et couvrir d'eau bouillante. Laisser tremper de 15 à 20 minutes. Dans un autre bol, mélanger les dattes et le liquide de trempage avec le sirop d'érable, l'huile de coco fondue, la vanille et le jus de citron jusqu'à ce que le mélange soit lisse. Ajouter les œufs, un à la fois, en battant bien après chaque addition jusqu'à l'obtention d'une consistance lisse.

(2) **Ajout des autres ingrédients.** Dans un grand bol, mélanger les farines, la cannelle, le gingembre, la poudre à pâte et le sel de mer. Ajouter les noix de Grenoble, les flocons de noix de coco et les pacanes. Verser les ingrédients liquides et mélanger. Incorporer les carottes râpées et les raisins secs.

(3) **Cuisson.** Verser la pâte à gâteau dans le moule à charnière et cuire au four de 30 à 40 minutes, jusqu'à ce que le gâteau reprenne sa forme sous une légère pression du doigt. Laisser refroidir complètement avant de glacer.

(4) **Préparation du glaçage.** Mettre le fromage à la crème et la margarine dans un grand bol. À l'aide d'un batteur à main électrique, battre les ingrédients jusqu'à ce que le mélange soit homogène. Ajouter petit à petit le sucre glace et battre environ 3 minutes, jusqu'à ce que le glaçage commence à se tenir et forme quelques mottes. Ajouter le lait d'amande et la vanille et battre jusqu'à l'obtention d'une consistance lisse. Étendre le glaçage sur le gâteau refroidi.

Pain d'épices glacé à la vanille

La mélasse noire, riche en calcium, donne à ce gâteau sans produits laitiers un goût riche et savoureux. Servez-le en l'arrosant généreusement de glace à la vanille, ou saupoudrez-le simplement de sucre glace.

RENDEMENT : UN GÂTEAU CARRÉ DE 9 PO (23 CM), OU 10 À 12 PORTIONS

PAIN D'ÉPICES

2 ½ t (625 ml) de farine tout usage

1 ½ c. à thé (7 ml) de bicarbonate de sodium

1 c. à thé (5 ml) de cannelle moulue

1 c. à thé (5 ml) de gingembre moulu

½ c. à thé (2 ml) de clou de girofle moulu

½ c. à thé (2 ml) de sel de mer

½ t (125 ml) de margarine de soja non hydrogénée

½ t (125 ml) de sucre

2 gros œufs biologiques, légèrement battus

1 t (250 ml) de mélasse noire

1 t (250 ml) de lait de coco

GLACE À LA VANILLE

1 ½ t (375 ml) de sucre glace

2 ½ c. à tab (37 ml) de lait d'amande ou de lait de soja non sucré

½ c. à thé (2 ml) de vanille

① **Préparation du pain d'épices.** Préchauffer le four à 350 °F (180 °C). Graisser et fariner légèrement un moule à gâteau carré de 9 po (23 cm) de côté. Réserver. Dans un bol, tamiser ensemble la farine, le bicarbonate de sodium, la cannelle, le gingembre, le clou de girofle et le sel de mer et bien mélanger. Dans le bol d'un batteur sur socle, battre la margarine et le sucre jusqu'à l'obtention d'une consistance légère. Ajouter les œufs et bien battre, puis incorporer la mélasse et le lait de coco. Ajouter les ingrédients secs à la préparation aux œufs et mélanger pour humecter les ingrédients secs, sans plus. Verser dans le moule à gâteau et cuire au four pendant 1 heure ou jusqu'à ce qu'un cure-dent inséré au centre du gâteau en ressorte propre. Laisser refroidir le gâteau 20 minutes avant de glacer.

② **Préparation de la glace.** Dans un bol moyen, battre le sucre glace avec le lait d'amande et la vanille jusqu'à l'obtention d'une consistance lisse. Verser sur le gâteau et laisser reposer environ 15 minutes. Couper en 10 à 12 tranches.

Cupcakes à la vanille traditionnels

Ces petits gâteaux me rappellent les cupcakes jaunes que l'on retrouvait partout sur les tables quand j'étais jeune, et qu'on voit encore aujourd'hui. Sauf que ceux-ci ne contiennent pas plein de beurre comme la recette classique Et ils sont tout aussi succulents.

RENDEMENT : 24 PETITS GÂTEAUX

PETITS GÂTEAUX À LA VANILLE

3 t (750 ml) de farine tout usage

1 c. à tab (15 ml) de poudre à pâte

1 c. à thé (5 ml) de sel de mer

½ t (125 ml) d'huile de coco

1½ t (375 ml) de sucre de canne non raffiné

4 gros œufs

⅓ t (80 ml) d'huile de canola

1 c. à thé (5 ml) de vanille

½ t (125 ml) de lait d'amande nature

GLAÇAGE À LA VANILLE

¾ t (180 ml) d'huile de coco, réchauffée

6 t (1,5 L) de sucre glace

1 c. à thé (5 ml) de vanille

¼ à ½ t (60 à 125 ml) de lait d'amande

① **Préparation des moules.** Préchauffer le four à 350 °F (180 °C). Tapisser 24 moules à muffins standard de moules en papier. Réserver.

② **Préparation des petits gâteaux.** Mettre la farine, la poudre à pâte et le sel de mer dans un bol et mélanger. Dans le bol d'un batteur sur socle, battre l'huile de coco et le sucre jusqu'à l'obtention d'une consistance lisse. Ajouter les œufs, un à la fois, en battant bien après chaque addition. Ajouter l'huile de canola et la vanille et bien mélanger. Ajouter la moitié des ingrédients secs en battant à faible vitesse, puis incorporer le lait d'amande et le reste des ingrédients secs en battant jusqu'à ce que la pâte à gâteau soit homogène, sans plus. À l'aide d'une cuillère à crème glacée, répartir la pâte dans les moules à muffins (les remplir aux trois quarts). Cuire au four de 20 à 25 minutes, jusqu'à ce que le dessus des petits gâteaux reprenne sa forme sous une légère pression du doigt. Laisser refroidir les petits gâteaux complètement sur une grille avant de les glacer.

③ **Préparation du glaçage.** Dans un grand bol ou le bol d'un batteur sur socle, battre l'huile de coco avec le sucre glace, la vanille et ¼ t (60 ml) du lait d'amande jusqu'à ce que le glaçage commence à se tenir. Incorporer le reste du lait d'amande (¼ t/60 ml), 1 c. à tab (15 ml) à la fois, jusqu'à ce que le glaçage soit crémeux. Réfrigérer 10 minutes, puis glacer les petits gâteaux. Servir froid ou à la température ambiante.

Crème glacée maison aux trois parfums

Il est facile de faire sa propre crème glacée avec une sorbetière ; dès que vous l'aurez essayé, vous ne voudrez plus jamais acheter les produits du commerce. Ces variantes sont des versions plus santé de trois saveurs traditionnelles, qu'on peut varier à l'infini. Utilisez la recette de base et expérimentez en ajoutant vos arômes et vos ingrédients préférés.

RENDEMENT : 4 T (1 L), OU 8 PORTIONS

RECETTE DE BASE

2 boîtes (15 oz/450 ml chacune) de lait de coco entier

1 t (250 ml) de lait d'amande non sucré

1 t (250 ml) de sucre

½ c. à thé (2 ml) de sel

CRÈME GLACÉE AU CHOCOLAT

½ t (125 ml) de poudre de cacao non sucrée

½ t (125 ml) de chocolat noir sans produits laitiers de bonne qualité, en copeaux

CRÈME GLACÉE AUX FRAISES

2 t (500 ml) de fraises fraîches, écrasées

CRÈME GLACÉE À LA VANILLE

1 gousse de vanille

① **Préparation de la recette de base.** Dans le bol d'un batteur sur socle ou dans un grand bol, à l'aide d'un batteur à main électrique, mélanger le lait de coco, le lait d'amande, le sucre et le sel.

② **Préparation de la crème glacée au choix.** Pour la crème glacée au chocolat, ajouter la poudre de cacao non sucrée. Pour la crème glacée aux fraises, ajouter 1 t (250 ml) des fraises écrasées. Mélanger environ 3 minutes, jusqu'à ce que le sucre soit dissous. Mettre le bol au réfrigérateur 30 minutes. Pour la crème glacée à la vanille, ajouter la gousse de vanille, verser la préparation dans une casserole et chauffer à feu moyen, en brassant souvent pour dissoudre le sucre, jusqu'à ce qu'un thermomètre à bonbons indique 175 °F (80 °C). Retirer la gousse de vanille de la préparation, puis la couper en deux et en retirer délicatement les graines. Incorporer les graines de vanille à la préparation. Verser la recette de base dans un plat à l'épreuve de la chaleur, couvrir et réfrigérer jusqu'au lendemain.

③ **Barattage et congélation.** Verser la recette de base dans le bol d'une sorbetière et procéder selon les indications du fabricant. Pour la crème glacée au chocolat, ajouter les copeaux de chocolat dans les 5 dernières minutes du barattage, ou arrêter l'appareil et les incorporer à la main. Pour la crème glacée aux fraises, ajouter le reste des fraises (1 t/250 ml) dans les 5 dernières minutes, ou les incorporer à la main. Transvider la crème glacée dans un plat en verre, couvrir et congeler de 1 à 2 heures ou jusqu'au moment de servir.

Crème glacée aux brisures de chocolat et à la menthe

Cette crème glacée est l'une de mes favorites en toute saison, autant pour les réceptions estivales que pour les festivités hivernales. J'adore utiliser ma sorbetière pour préparer ce genre de dessert sans produits laitiers. Avec un minimum d'effort et de temps, cet appareil me permet de savourer cette délicieuse variante santé de ma petite douceur préférée.

RENDEMENT : 4 T (1 L), OU 8 PORTIONS

2 t (500 ml) de lait de coco entier

2 t (500 ml) de lait d'amande non sucré

1 t (250 ml) de sucre

½ c. à thé (2 ml) de sel

½ c. à thé (2 ml) d'essence de menthe poivrée

1 t (250 ml) de brisures de chocolat miniatures sans produits laitiers

feuilles de menthe fraîche, pour garnir (facultatif)

1. **Préparation de la recette de base.** Dans le bol d'un batteur sur socle, mélanger le lait de coco, le lait d'amande, le sucre, le sel et l'essence de menthe en battant pendant environ 3 minutes, jusqu'à ce que le sucre soit dissous. Mettre le bol au réfrigérateur 30 minutes.

2. **Barattage et congélation.** Verser la recette de base dans le bol d'une sorbetière et procéder selon les indications du fabricant. Dans les 5 dernières minutes du barattage, ajouter les brisures de chocolat miniatures, ou arrêter l'appareil et les incorporer à la main. Transvider la crème glacée dans un plat en verre, couvrir et congeler de 1 à 2 heures ou jusqu'au moment de servir. Garnir de feuilles de menthe fraîche, si désiré.

Gâteau au chocolat mexicain, glaçage à l'avocat

À essayer : un gâteau au chocolat végétalien légèrement épicé, avec un exquis glaçage à l'avocat. L'avocat ajoute couleur et saveur, et remplace le beurre d'un glaçage traditionnel. Complétez votre création avec des copeaux de chocolat noir ou de noix de coco, des fraises trempées dans le chocolat ou des Étoiles sucrées à la cannelle (page 172) pour une note festive.

RENDEMENT : UN GÂTEAU ÉTAGÉ DE 8 PO (20 CM), OU 10 À 12 PORTIONS

GÂTEAU AU CHOCOLAT MEXICAIN

1½ t (375 ml) de lait d'amande ou de soja

2 c. à tab (30 ml) de vinaigre de cidre

3 t (750 ml) de farine tout usage

2 t (500 ml) de sucre

1 t (250 ml) de poudre de cacao non sucrée, et un peu plus pour le moule

1 c. à tab (15 ml) de cannelle moulue

2 c. à thé (10 ml) de bicarbonate de sodium

¼ c. à thé (1 ml) de piment de Cayenne

½ c. à thé (2 ml) de sel

1 t (250 ml) de café infusé, à la température ambiante

½ t (125 ml) d'huile de canola ou d'huile d'olive extra vierge

1 c. à tab (15 ml) de vanille

GLAÇAGE À L'AVOCAT

1 t (250 ml) de margarine non hydrogénée sans produits laitiers

7 t (1,75 L) de sucre glace, tamisé

⅔ t (160 ml) d'avocats mûrs, bien écrasés

2 c. à thé (10 ml) de jus de citron

① **Préparation du gâteau au chocolat.** Préchauffer le four à 350 °F (180 °C). Graisser légèrement deux moules à charnière ronds de 8 po (20 cm) et les saupoudrer de poudre de cacao, en secouant pour enlever l'excédent. Dans un petit bol, mélanger le lait végétal avec le vinaigre de cidre. Dans un grand bol, mélanger la farine, le sucre, la poudre de cacao, la cannelle moulue, le bicarbonate de sodium, le piment de Cayenne et le sel. Ajouter le café, l'huile de canola, la vanille et le mélange de lait aux ingrédients secs et remuer jusqu'à l'obtention d'une consistance lisse. Répartir uniformément la pâte à gâteau dans les moules et cuire au four de 25 à 30 minutes ou jusqu'à ce que le dessus des gâteaux reprenne sa forme sous une légère pression du doigt. Laisser refroidir les gâteaux de 20 à 30 minutes dans les moules, puis les démouler délicatement sur une grille et les laisser refroidir complètement.

② **Préparation du glaçage à l'avocat.** Dans le bol d'un batteur sur socle, battre la margarine jusqu'à l'obtention d'une consistance légère. Ajouter petit à petit la moitié du sucre glace, puis l'avocat écrasé, le jus de citron et le reste du sucre glace, en battant jusqu'à l'obtention d'une consistance lisse et crémeuse. Couvrir et réfrigérer aussitôt, jusqu'au moment d'utiliser. (Le glaçage à l'avocat devrait être utilisé le jour même.)

③ **Montage du gâteau étagé.** Glacer le dessus d'un des gâteaux avec le glaçage à l'avocat. Déposer l'autre gâteau par-dessus, le dessus vers le haut, puis glacer le dessus et les côtés. Servir froid ou à la température ambiante.

Tarte au citron meringuée

La tarte au citron meringuée est un dessert magnifique et impressionnant qui ne déçoit jamais. Avec ses accents de noix de coco dans la garniture et la croûte, cette version marie à merveille les saveurs acidulées et sucrées.

RENDEMENT : UNE TARTE DE 9 PO (23 CM), OU 8 PORTIONS

CROÛTE GRAHAM

1½ t (375 ml) de chapelure Graham
   sans produits laitiers

⅓ t (80 ml) de sucre de canne non raffiné

½ t (125 ml) d'huile de coco, fondue

GARNITURE AU CITRON

2 t (500 ml) de sucre de canne non raffiné

¼ t (60 ml) de farine

6 c. à tab (90 ml) de fécule de maïs

½ c. à thé (2 ml) de sel

1 t (250 ml) d'eau

2 t (500 ml) de jus de citron

¼ t (60 ml) d'huile de coco

8 gros jaunes d'œufs

MERINGUE

8 gros blancs d'œufs

1 pincée de crème de tartre

½ t (125 ml) de sucre

(1) **Préparation de la croûte Graham.** Préchauffer le four à 350 °F (180 °C). Graisser légèrement un moule à tarte de 9 po (23 cm) d'huile de coco. Dans un petit bol, mélanger la chapelure Graham, le sucre et l'huile de coco, en travaillant le mélange avec les doigts jusqu'à ce qu'il commence à se tenir. Presser la croûte dans le moule et cuire au four de 8 à 10 minutes, jusqu'à ce qu'elle soit légèrement dorée.

(2) **Préparation de la garniture au citron.** Dans une casserole, mettre le sucre, la farine, la fécule de maïs et le sel et chauffer à feu moyen en brassant. Incorporer l'eau et le jus de citron en fouettant. Cuire en brassant sans arrêt jusqu'à ce que le sucre soit dissous et que la préparation atteigne le point d'ébullition, sans bouillir. Ajouter l'huile de coco et chauffer en brassant pour la faire fondre. Retirer du feu. Dans un bol, fouetter les jaunes d'œufs. Incorporer petit à petit un tiers de la préparation au citron en fouettant sans arrêt pour éviter de faire cuire les œufs. Incorporer le reste de la préparation au citron en fouettant, puis remettre la casserole sur feu moyen. En fouettant sans arrêt, porter la garniture à faible ébullition et cuire jusqu'à ce qu'elle épaississe. Verser la garniture dans la croûte.

(3) **Préparation de la meringue.** Dans le bol d'un batteur sur socle, battre les blancs d'œufs avec la crème de tartre à vitesse moyenne jusqu'à ce qu'ils soient mousseux. Ajouter petit à petit le sucre et battre de 8 à 10 minutes, jusqu'à ce que le mélange forme des pics durs. À l'aide d'une spatule, déposer la meringue sur la garniture de manière à la couvrir complètement et en formant de jolis pics. Cuire au four de 7 à 10 minutes ou jusqu'à ce que la tarte soit bien dorée. Réfrigérer 2 heures. Servir froid.

Gâteau au fromage à l'avocat

Certainement le gâteau au fromage le plus cher que je cuisine, mais aussi le plus santé. Je le réserve pour les occasions spéciales. Comme il n'est pas excessivement sucré, vous pouvez ajouter un édulcorant tel que le stevia ou un peu plus de sirop d'érable, au goût. Et pour varier, n'hésitez pas à y incorporer une tasse de framboises ou de fraises en purée avec les autres ingrédients de la garniture.

RENDEMENT : UN GÂTEAU DE 9 PO (23 CM), OU 10 À 12 PORTIONS

CROÛTE AUX DATTES ET AUX NOIX

flocons de noix de coco non sucrés

1 t (250 ml) de noix de macadamia

1 t (250 ml) de noix de Grenoble

1 t (250 ml) de dattes hachées finement

¼ c. à thé (1 ml) de sel de mer

2 c. à tab (30 ml) de tahini cru

GARNITURE AU FROMAGE À L'AVOCAT

1 t (250 ml) de noix de cajou moulues finement

¾ t (180 ml) d'huile de coco réchauffée (sans excéder 90 °F/32 °C)

8 gros avocats mûrs, pelés, dénoyautés et bien écrasés

½ t (125 ml) de jus d'orange

¼ t (60 ml) de jus de lime frais

1 t (250 ml) de sirop d'agave ou de sirop d'érable, ou plus au goût

1 pincée de sel de mer

① **Préparation de la croûte.** Graisser légèrement un moule à charnière de 9 po (23 cm) avec de l'huile de coco. Parsemer généreusement le moule de flocons de noix de coco. Au mélangeur ou au robot culinaire, réduire en miettes les noix de macadamia et les noix de Grenoble. Ajouter les dattes, le sel de mer et le tahini et mélanger jusqu'à ce que le mélange forme une pâte épaisse. Presser le mélange sur les flocons de noix de coco dans le moule.

② **Préparation de la garniture.** Au mélangeur ou au robot culinaire, mélanger les noix de cajou, l'huile de coco, les avocats, le jus d'orange, le jus de lime, le sirop et le sel de mer jusqu'à l'obtention d'une consistance très crémeuse. Verser dans la croûte et réfrigérer 2 heures ou jusqu'à ce que le gâteau soit pris. Servir froid.

Cupcakes Red Velvet, glaçage au fromage à la crème

Cette recette donne des petits gâteaux moins rouges que celles qui utilisent une bouteille complète de colorant, mais grâce aux betteraves, d'un rouge vif naturel, les cupcakes sont quand même d'une belle teinte cramoisie.

RENDEMENT : 24 PETITS GÂTEAUX

PETITS GÂTEAUX AUX BETTERAVES

3 betteraves moyennes, brossées, les tiges enlevées

2 t (500 ml) de farine tout usage

½ t (125 ml) de poudre de cacao non sucrée

1 c. à thé (5 ml) de bicarbonate de sodium

½ c. à thé (2 ml) de sel

4 gros œufs

1 t (250 ml) de sucre de canne biologique non raffiné

1 t (250 ml) de sirop d'érable, à la température ambiante

1 t (250 ml) de yogourt de soja ou de yogourt de coco, à la température ambiante

½ t (125 ml) de lait de coco

1 c. à tab (15 ml) de jus de citron

1 t (250 ml) d'huile de coco fondue

GLAÇAGE AU FROMAGE À LA CRÈME DE SOJA

1 paquet (8 oz/225 g) de fromage à la crème de soja sans produits laitiers

½ t (125 ml) de margarine de soja non hydrogénée

3 ½ t (875 ml) de sucre glace, ou plus au besoin

1 c. à thé (5 ml) de vanille

(1) **Préparation des betteraves.** Préchauffer le four à 400 °F (200 °C). Déposer les betteraves dans un petit plat de cuisson et ajouter environ 1 po (2,5 cm) d'eau. Couvrir le plat de papier d'aluminium et cuire au four 1 heure, jusqu'à ce que les betteraves soient très tendres. Laisser refroidir légèrement et couper en gros morceaux. Au mélangeur ou au robot culinaire, réduire les betteraves en purée lisse avec 3 à 4 c. à tab (45 à 60 ml) de l'eau de cuisson.

(2) **Préparation des petits gâteaux.** Réduire la température du four à 350 °F (180 °C). Tapisser 24 moules à muffins standard de moules en papier. Dans un grand bol, tamiser ensemble la farine, la poudre de cacao, le bicarbonate de sodium et le sel. Dans un autre bol, bien fouetter les œufs. Incorporer le sucre aux œufs en battant de 3 à 4 minutes, jusqu'à ce que le mélange soit jaune pâle et homogène. Ajouter le sirop d'érable, le yogourt de soja, le lait de coco, le jus de citron et l'huile de coco et bien mélanger. Ajouter la préparation d'œufs et la purée de betteraves aux ingrédients secs, en brassant pour mélanger les ingrédients, sans plus.

(3) **Cuisson.** À l'aide d'une tasse à mesurer, répartir la pâte à gâteau dans les moules. Cuire au four de 18 à 20 minutes. Laisser refroidir complètement sur une grille avant de glacer.

(4) **Préparation du glaçage.** Dans le bol d'un batteur sur socle, battre le fromage à la crème avec la margarine jusqu'à l'obtention d'une consistance lisse. Ajouter petit à petit le sucre glace en battant bien après chaque addition, puis incorporer la vanille en battant à haute vitesse jusqu'à l'obtention d'une consistance épaisse et crémeuse (ajouter du sucre glace, au besoin). Réfrigérer le glaçage 10 minutes avant de glacer les petits gâteaux. Servir froid ou à la température ambiante.

Gâteau à la crème glacée, croûte aux pacanes

Que vous optiez pour de la crème glacée du commerce ou une recette maison, personne ne se doutera que ce gâteau est sans produits laitiers. Les couches de crème glacée et de ganache au chocolat déposées sur une croûte Graham rendent ce dessert délicieusement festif.

RENDEMENT : UN GÂTEAU DE 9 PO (23 CM), OU 12 PORTIONS

CROÛTE GRAHAM AUX PACANES

1½ t (375 ml) de chapelure Graham sans produits laitiers

1 t (250 ml) de pacanes hachées finement

¼ t (60 ml) de sucre de canne non raffiné

½ t (125 ml) d'huile de coco fondue

GANACHE AU CHOCOLAT

2 boîtes (15 oz/450 ml chacune) de lait de coco, réfrigérées depuis la veille

¼ t (60 ml) de sirop d'érable

10 oz (300 g) de chocolat noir sans produits laitiers, haché finement

COUCHES DE CRÈME GLACÉE

4 t (1 L) de Crème glacée à la vanille (page 158), ramollie

4 t (1 L) de Crème glacée au chocolat (page 158), ramollie

① **Préparation de la croûte.** Préchauffer le four à 350 °F (180 °C). Graisser légèrement le fond et les parois d'un moule à charnière de 9 po (23 cm) avec de l'huile de coco. Au mélangeur ou au robot culinaire, mélanger la chapelure Graham, les pacanes et le sucre en activant et en arrêtant successivement l'appareil jusqu'à ce que les pacanes soient moulues et que le mélange soit homogène. Ajouter l'huile de coco et mélanger jusqu'à ce que le mélange soit bien humecté.

Presser uniformément le mélange dans le fond et sur les parois du moule. Cuire au four pendant 10 minutes ou jusqu'à ce que la croûte soit bien dorée. Laisser refroidir complètement.

② **Préparation de la ganache au chocolat.** Perforer les boîtes de lait de coco et égoutter le liquide. Retirer 1 t (250 ml) de crème de coco des boîtes et la mettre dans une petite casserole. Ajouter le sirop d'érable et cuire à feu moyen en brassant jusqu'à ce que la surface dégage de la vapeur (ne pas faire bouillir). Mettre le chocolat noir dans un bol à l'épreuve de la chaleur et verser la préparation de crème de coco dessus. Laisser reposer 5 minutes. Remuer la ganache jusqu'à ce qu'elle soit complètement lisse et laisser refroidir à la température ambiante 45 minutes, en brassant toutes les 15 minutes.

③ **Assemblage.** Étendre 3 t (750 ml) de la crème glacée à la vanille sur la croûte refroidie. Couvrir d'environ ¾ t (180 ml) de la ganache. Mettre le gâteau au congélateur de 10 à 15 minutes, jusqu'à ce que la ganache soit prise. (Conserver le reste de la crème glacée au réfrigérateur ou au congélateur.) Étendre 3 t (750 ml) de la crème glacée au chocolat sur la ganache, puis ¾ t (180 ml) de la ganache. Remettre le gâteau au congélateur de 10 à 15 minutes. Étendre le reste de la crème glacée au chocolat et de la crème glacée à la vanille, en tournant avec une cuillère pour faire des volutes. Couvrir du reste de la ganache, en lissant le dessus. Congeler jusqu'au lendemain. Laisser reposer à la température ambiante de 5 à 10 minutes avant de couper.

Laits fouettés super épais aux trois saveurs

Aromatisés au chocolat, au beurre d'arachide et au chocolat, ou simplement à la vanille, ces laits fouettés super épais sans produits laitiers sont un régal pour petits et grands. À coiffer d'une volute de crème fouettée au lait de coco, si désiré.

4 PORTIONS

LAIT FOUETTÉ AU CHOCOLAT

4 t (1 L) de Crème glacée au chocolat (page 158), ou de crème glacée au lait de coco et au chocolat sans produits laitiers du commerce

¼ t (60 ml) de crème de coco

½ c. à thé (2 ml) de vanille

LAIT FOUETTÉ AU BEURRE D'ARACHIDE ET AU CHOCOLAT

2 t (500 ml) de Crème glacée au chocolat (page 158) ou de crème glacée au chocolat sans produits laitiers du commerce

2 t (500 ml) de Crème glacée à la vanille (page 158) ou de crème glacée au lait de coco et à la vanille sans produits laitiers du commerce

¼ t (60 ml) de beurre d'arachide crémeux

¼ t (60 ml) de crème de coco

¼ c. à thé (1 ml) de vanille

LAIT FOUETTÉ À LA VANILLE

4 t (1 L) de Crème glacée à la vanille (page 158) ou de crème glacée au lait de coco et à la vanille sans produits laitiers du commerce

¼ t (60 ml) de crème de coco

½ c. à thé (2 ml) de vanille

Crème fouettée au lait de coco (facultatif) (voir recette ci-contre)

(1) **Préparation des laits fouettés.** Choisir une saveur et mettre tous les ingrédients dans un mélangeur. Mélanger jusqu'à l'obtention d'une consistance crémeuse et lisse. Servir immédiatement, garni de la crème fouettée, si désiré.

CRÈME FOUETTÉE AU LAIT DE COCO

Cette crème fouettée est l'une des façons les plus faciles d'ajouter du panache à vos desserts sans produits laitiers. Attention, il faut réfrigérer le lait de coco et le bol la veille.

RENDEMENT : 2 T (500 ML) DE CRÈME FOUETTÉE

2 boîtes (15 oz/450 ml chacune) de lait de coco entier, réfrigérées depuis la veille

1 c. à tab (15 ml) de sucre glace

1 grand bol, réfrigéré depuis la veille

Perforer les boîtes de lait de coco et égoutter le liquide (jeter le liquide). Retirer la crème de coco des boîtes et la mettre dans le bol réfrigéré. Saupoudrer le sucre glace sur la crème de coco. Battre à haute vitesse jusqu'à ce que la crème forme des pics fermes. Servir aussitôt.

Gâteau au fromage végétalien

Une recette simplissime, mais quand même gourmande. Si vous n'êtes pas végétalien, n'hésitez pas à remplacer le succédané d'œufs par 4 œufs.

RENDEMENT : UN GÂTEAU DE 9 PO (23 CM), OU 10 À 12 PORTIONS

CROÛTE GRAHAM

1½ t (375 ml) de chapelure Graham
   sans produits laitiers

⅓ t (80 ml) de sucre de canne non raffiné

½ t (125 ml) d'huile de coco fondue

GARNITURE AU FROMAGE À LA CRÈME DE SOJA

4 paquets (8 oz/250 g chacun) de fromage
   à la crème de soja du commerce

1¼ t (310 ml) de sucre

succédané d'œufs pour 4 œufs

⅓ t (80 ml) de crème sure de soja du commerce,
   et un peu plus pour garnir

1 c. à thé (5 ml) de vanille

1. **Préparation de la croûte.** Préchauffer le four à 350 °F (180 °C). Graisser un moule à charnière de 9 po (23 cm) avec de l'huile de coco. Dans un bol, mélanger la chapelure Graham et le sucre de canne. Ajouter l'huile de coco et mélanger jusqu'à ce que le mélange commence à se tenir et soit humecté. Presser le mélange dans le fond et sur les parois du moule jusqu'à 1 à 2 po (2,5 à 5 cm) de hauteur. Cuire au four pendant 5 minutes, puis laisser refroidir sur une grille pendant la préparation de la garniture.

2. **Préparation de la garniture.** Dans le bol d'un batteur sur socle, battre le fromage à la crème de soja environ 1 minute, jusqu'à l'obtention d'une consistance lisse et légère. Ajouter le sucre et battre 3 minutes, jusqu'à ce qu'il soit dissous. Ajouter le succédané d'œufs et battre jusqu'à ce que le mélange soit homogène, sans plus, puis incorporer la crème sure et la vanille en battant. Verser la garniture dans la croûte.

3. **Cuisson.** Cuire le gâteau au four de 60 à 70 minutes, jusqu'à ce que le dessus soit légèrement doré. Retirer du four. Étendre de la crème sure de soja sur la surface pour couvrir les fissures et laisser refroidir sur une grille de 10 à 15 minutes. Passer un couteau bien aiguisé le long des parois du moule pour détacher le gâteau au fromage, puis laisser refroidir complètement. Réfrigérer 2 heures ou jusqu'au lendemain. Servir froid.

Chapitre 13

SPÉCIALEMENT POUR LES ENFANTS

SI VOUS CUISINEZ POUR DES ENFANTS, vous savez qu'aucune subtilité ne leur échappe. Modifiez un de leurs repas préférés et ils vous le feront savoir sans ménagement. Or les enfants aiment aussi bien manger: des aliments frais et appétissants, des plats riches et savoureux, et des petites douceurs. J'ai constaté qu'en général, si les adultes aiment un aliment, les enfants vont suivre. (L'inverse, par contre, n'est pas toujours vrai.) J'ai aussi appris que les enfants mangent plus sainement si c'est la norme dans leur entourage. Mais même les enfants habitués à un régime plus typiquement nord-américain vont apprécier ces variantes sans produits laitiers de mets classiques (et vous aussi). Par exemple, avec des avocats et du fromage de noix de cajou maison, vous ferez un Macaroni au fromage à l'avocat (voir ci-dessous) qui deviendra vite un favori. Et les enfants ne sauront jamais que les Friandises glacées au chocolat (page 180), à base de bananes et de crème de coco, sont bonnes pour la santé.

Macaroni au fromage à l'avocat

Infiniment plus santé que le produit du commerce, ce classique qui plaît tant aux enfants contient ici de bons gras (qu'on trouve dans les avocats et les noix, en remplacement des produits laitiers). On y ajoute des tomates pour la couleur et la texture.

4 PORTIONS

8 oz (250 g) de macaronis

3 gros avocats mûrs, pelés et dénoyautés

1 c. à tab (15 ml) de jus de citron fraîchement pressé

1⅓ t (330 ml) de lait d'amande non sucré

1 t (250 ml) de Fromage de noix de cajou (page 58), râpé, et un peu plus pour garnir

1 c. à tab (15 ml) de levure alimentaire

¼ c. à thé (1 ml) de sel de mer, ou plus au goût

½ t (125 ml) de tomates hachées finement ou de tomates raisins coupées en deux (facultatif)

① **Préparation des pâtes.** Porter une casserole d'eau salée à ébullition et ajouter les pâtes. Cuire selon les indications sur l'emballage pour obtenir des pâtes al dente. Égoutter dans une passoire. Remettre les pâtes dans la casserole.

② **Préparation de la sauce au fromage.** Mettre les avocats, le jus de citron, le lait d'amande, le fromage râpé, la levure alimentaire et le sel de mer dans la jarre d'un mélangeur. Mélanger jusqu'à l'obtention d'une consistance crémeuse. Verser la sauce sur les pâtes dans la casserole et mélanger. Incorporer les tomates, si désiré, et réchauffer à feu moyen-doux. Servir aussitôt, parsemé de sel de mer, au goût, et de fromage râpé.

Étoiles sucrées à la cannelle et crème glacée à la vanille et au lait d'amande

Voici une gâterie que les enfants et vous apprécierez. La recette d'étoiles en donne suffisamment pour garnir six portions, mais n'hésitez pas à augmenter ou à diminuer les quantités selon vos besoins.

6 PORTIONS

CRÈME GLACÉE À LA VANILLE
ET AU LAIT D'AMANDE

2 boîtes de 15 oz (450 ml) chacune de lait de coco, réfrigérées depuis la veille

3 t (750 ml) de lait d'amande

1 t (250 ml) de sucre

¼ c. à thé (1 ml) de sel de mer

1 c. à thé (5 ml) de vanille

ÉTOILES SUCRÉES À LA CANNELLE

¼ t (60 ml) de sucre de canne non raffiné

2 c. à tab (30 ml) de cannelle

4 tortillas de farine blanche de 10 po (25 cm), ou plus si désiré

huile de canola ou végétale, pour la friture

1 **Préparation de la crème glacée.** Perforer les boîtes de lait de coco et égoutter le liquide. Retirer la crème de coco et en mettre 1 t (250 ml) dans un grand bol. (Réserver le reste pour un autre usage.) Ajouter le lait d'amande, le sucre, le sel de mer et la vanille et battre jusqu'à ce que le sucre soit dissous et le mélange homogène. Réfrigérer 1 heure. Verser le mélange dans une sorbetière et turbiner selon les indications du fabricant.

2 **Préparation des étoiles.** Mélanger le sucre et la cannelle dans un petit bol. À l'aide de ciseaux bien aiguisés ou d'un emporte-pièce étoilé, découper des étoiles de 3 po (7 cm) dans les tortillas et réserver. Tapisser une assiette d'essuie-tout. Verser de l'huile dans une casserole peu profonde jusqu'à 2 po (5 cm) de hauteur et faire chauffer jusqu'à ce qu'un thermomètre à friture indique 350 °F (180 °C). Déposer délicatement quelques étoiles dans l'huile chaude sans les tasser. Cuire moins d'une minute, jusqu'à ce qu'elles soient gonflées et bien dorées (la cuisson est très rapide). À l'aide d'une écumoire, retirer les étoiles et les transférer dans l'assiette tapissée d'essuie-tout. Saupoudrer du mélange cannelle et sucre et répéter pour les autres étoiles.

3 **Service.** Mettre 2 boules de crème glacée dans chaque bol et garnir de 2 ou 3 étoiles. Servir aussitôt.

Coquilles au fromage et au brocoli

Un plat de semaine simple qui intègre le brocoli et qui sera très apprécié des petits.

4 PORTIONS

8 oz (250 g) de petites coquilles

2 t (500 ml) de bouquets de brocoli frais

½ t (125 ml) de levure alimentaire

¼ t (60 ml) de noix de cajou moulues finement

3 c. à tab (45 ml) de farine tout usage

½ c. à thé (2 ml) de poudre d'ail

½ c. à thé (2 ml) de poudre d'oignon

½ c. à thé (2 ml) de sel de mer, ou plus au goût

2 t (500 ml) de lait de soja, d'amande ou de chanvre non sucré

2 c. à tab (30 ml) d'huile de coco

1 c. à tab (15 ml) de tahini

poivre fraîchement moulu

1. **Préparation des pâtes.** Porter une grande casserole d'eau salée à ébullition et ajouter les pâtes. Cuire selon les indications sur l'emballage pour obtenir des pâtes al dente. Une minute avant la fin de la cuisson des pâtes, ajouter les bouquets de brocoli et cuire tout juste 1 minute jusqu'à ce que le brocoli soit vert vif et encore légèrement croquant. Égoutter les pâtes et le brocoli.

2. **Préparation de la sauce.** Dans la même casserole, mettre la levure alimentaire, les noix de cajou moulues, la farine, la poudre d'ail, la poudre d'oignon, le sel de mer et le lait de soja. Bien mélanger et cuire à feu moyen, en brassant sans arrêt. Lorsque la sauce a épaissi légèrement, incorporer l'huile de coco et le tahini en brassant jusqu'à ce que la sauce soit homogène, sans plus. Remettre les coquilles et le brocoli dans la casserole en brassant pour bien les enrober. Servir aussitôt, parsemé de sel de mer et de poivre.

Pitas de falafels et tzatziki au yogourt d'amande

Les falafels cuits au four sont plus santé que la version frite traditionnelle et le yogourt d'amande vient remplacer les produits laitiers de la sauce. N'hésitez pas à garnir ces pochettes avec les légumes préférés de vos enfants. Vous pouvez aussi servir les falafels et le tzatziki sur un lit de riz.

4 À 6 PORTIONS

TZATZIKI AU YOGOURT D'AMANDE

2 t (500 ml) de yogourt d'amande nature non sucré, du commerce ou maison (page 64)

1 t (250 ml) de concombres pelés et hachés finement

1 c. à thé (5 ml) de sel de mer, ou plus au goût

1 c. à tab (15 ml) de tapioca ou de fécule de maïs

1 c. à tab (15 ml) de jus de citron

2 c. à tab (30 ml) d'huile d'olive extra vierge

2 gousses d'ail émincées

2 c. à thé (10 ml) d'aneth frais, haché

FALAFELS

2 boîtes de 14 oz (435 ml) chacune de pois chiches, rincés et bien égouttés

½ t (125 ml) d'oignons verts hachés finement, les parties blanche et vert pâle seulement

½ t (125 ml) de carottes fraîches, râpées finement

½ t (125 ml) de persil frais, haché finement

2 gousses d'ail

2 c. à tab (30 ml) d'huile d'olive

1 c. à thé (5 ml) de cumin

¾ c. à thé (4 ml) de poudre à pâte

¼ t (60 ml) de farine, ou plus au besoin

GARNITURES ET PITAS

petites feuilles d'épinards ou de laitue

tomates hachées

concombre en tranches

pitas de blé entier

① **Préparation du tzatziki.** Mettre le yogourt d'amande, la moitié des concombres, le sel de mer, le tapioca, le jus de citron, l'huile d'olive, l'ail et l'aneth dans la jarre d'un mélangeur. Mélanger jusqu'à ce que la préparation soit crémeuse. Verser dans un bol et incorporer le reste des concombres. Couvrir et réfrigérer 1 heure ou jusqu'au lendemain.

② **Préparation des falafels.** Mettre les pois chiches, les oignons verts, les carottes, le persil, l'ail, l'huile d'olive et le cumin dans la jarre d'un robot culinaire. Activer l'appareil jusqu'à ce que les ingrédients soient mélangés sans être réduits en purée. Saupoudrer la poudre à pâte puis la farine sur le mélange et mélanger en activant et en arrêtant successivement l'appareil pour former une pâte. Si la pâte colle aux doigts, ajouter plus de farine, 1 c. à tab (15 ml) à la fois, jusqu'à ce que la pâte soit encore humide sans être collante. Mettre la pâte dans un bol et réfrigérer 2 heures ou jusqu'au lendemain.

③ **Cuisson.** Préchauffer le four à 400 °F (200 °C). Huiler légèrement une grande plaque à pâtisserie avec de l'huile d'olive. À l'aide d'une cuillère à crème glacée ou avec les mains, façonner le mélange en boules de la taille d'une noix de Grenoble et les déposer sur la plaque huilée. Cuire au four de 10 à 15 minutes jusqu'à ce qu'elles soient bien dorées.

④ **Assemblage des pitas.** Insérer les falafels chauds, les épinards ou la laitue, les tomates et le concombre dans les pitas. Ajouter une cuillerée de tzatziki dans chaque pochette et servir le reste de la sauce en accompagnement. Servir aussitôt.

Pizzas pitas sans produits laitiers

Rien n'est plus simple qu'une pizza pita quand vous n'avez pas le temps de faire votre propre pâte. Avec un pesto maison rapide, un peu de sauce à pizza du commerce, du fromage sans produits laitiers et des légumes, vous obtenez un délicieux repas sans produits laitiers prêt en moins de vingt minutes.

4 PORTIONS

PESTO AU BASILIC

1 t (250 ml) de feuilles de basilic frais

½ t (125 ml) de pignons crus

2 grosses gousses d'ail

½ c. à tab (7 ml) de levure alimentaire

⅛ c. à thé (0,5 ml) de sel de mer, ou plus au goût

2 à 4 c. à tab (30 à 60 ml) d'huile d'olive extra vierge

PITAS ET GARNITURES

4 pitas de blé entier

½ t (125 ml) de sauce à pizza du commerce ou maison (page 129)

1 t (250 ml) de fromage sans produits laitiers du commerce ou Fromage de noix de cajou (page 58), râpé

1 t (250 ml) de poivrons verts hachés

1 t (250 ml) d'olives noires dénoyautées et hachées

1. **Préparation de la plaque de cuisson.** Préchauffer le four à 450 °F (230 °C). Huiler légèrement une grande plaque de cuisson. Réserver.

2. **Préparation du pesto.** Mettre le basilic, les pignons, l'ail, la levure alimentaire et le sel de mer dans la jarre d'un mélangeur. Bien mélanger, puis incorporer l'huile d'olive en activant l'appareil jusqu'à ce que le mélange forme une pâte.

3. **Assemblage des pizzas.** Étendre environ 2 c. à tab (30 ml) de pesto sur chaque pita, puis environ 2 c. à tab (30 ml) de sauce à pizza. Garnir du fromage râpé, puis des poivrons et des olives noires.

4. **Cuisson.** Cuire au four de 8 à 10 minutes, jusqu'à ce que les pitas soient légèrement dorés et les bords croustillants. Utiliser un coupe-pizza pour couper des pointes et servir aussitôt.

Œufs brouillés sans produits laitiers au jambon

Dans cette recette simple, les œufs brouillés sont préparés sans lait ni beurre pour une version plus santé. N'hésitez pas à remplacer le jambon par des charcuteries végétariennes, du tofu, des champignons ou les légumes de votre choix.

4 PORTIONS

6 gros œufs

⅓ t (80 ml) de lait de soja ou de chanvre non sucré

⅛ c. à thé (0,5 ml) de sel de mer, ou plus au goût

¼ t (60 ml) d'oignons verts hachés, les parties blanche et vert pâle seulement

4 tranches de jambon biologique rôti au four, déchiquetées

poivre noir fraîchement moulu

Fromage de noix de cajou (page 58) (facultatif)

4 tranches de pain grillées

① **Préparation des œufs.** Bien fouetter les œufs dans un grand bol. Ajouter le lait de soja et le sel de mer en fouettant. Ajouter les oignons verts et le jambon.

② **Cuisson.** À l'aide d'essuie-tout, graisser légèrement un poêlon avec un peu de margarine ou d'huile de coco. Chauffer à feu moyen-vif. Dès que le poêlon est chaud, ajouter le mélange d'œufs et cuire 1 minute sans brasser. Lorsque les œufs commencent à prendre, utiliser une spatule à l'épreuve de la chaleur pour les brasser et les brouiller, et poursuivre la cuisson jusqu'à ce qu'ils soient cuits mais encore crémeux (ne pas les faire dorer). Poivrer et servir aussitôt, parsemés de fromage, si désiré, et accompagnés de pain grillé.

Barres au beurre d'arachide et au chocolat

Ces gâteries sont idéales pour les fêtes et les repas-partage, surtout s'il y a des enfants. Vraiment irrésistibles, elles conviennent aux régimes sans produits laitiers, sans œufs, sans gluten et végétaliens.

RENDEMENT: 32 BARRES

GANACHE AU BEURRE D'ARACHIDE

1 t (250 ml) de margarine de soja non hydrogénée

4 t (1 L) de beurre d'arachide naturel crémeux

8 t (2 L) de sucre glace

2 c. à tab (30 ml) de tapioca

GANACHE AU CHOCOLAT

16 oz (500 g) de chocolat noir sans produits laitiers de bonne qualité, haché

2 boîtes de 15 oz (450 ml) chacune de lait de coco, réfrigérées depuis la veille

½ c. à thé (2 ml) de vanille

① **Préparation de la ganache au beurre d'arachide.** Tapisser deux moules carrés de 8 po (20 cm) de papier-parchemin, en le laissant dépasser d'environ 1 po (2,5 cm) sur les bords. Dans le bol d'un batteur sur socle, battre la margarine et le beurre d'arachide jusqu'à l'obtention d'une consistance lisse. Ajouter graduellement le sucre glace et le tapioca jusqu'à l'obtention d'une consistance lisse. Étendre dans les moules préparés en lissant le dessus avec une spatule. Réfrigérer 2 heures.

② **Préparation de la ganache au chocolat.** Mettre le chocolat haché dans un bol juste assez grand pour le contenir. Perforer les boîtes de lait de coco et égoutter le liquide. Retirer la crème de coco et la mettre dans une petite casserole avec la vanille. Chauffer à feu moyen-vif sans faire bouillir, jusqu'à ce que la surface dégage de la vapeur et que des bulles se forment sur les parois. Verser sur le chocolat haché et laisser reposer 5 minutes sans brasser. Bien brasser jusqu'à ce que le chocolat soit lisse et luisant.

③ **Assemblage, réfrigération et service.** Verser la ganache au chocolat sur celle au beurre d'arachide et remettre les moules au réfrigérateur de 2 à 4 heures, jusqu'à ce que la ganache ait pris. Pour le service, retirer la préparation des moules à l'aide du papier-parchemin et la déposer sur une planche à découper. À l'aide d'un couteau bien aiguisé, couper en barres ou en carrés de 2 po (5 cm). Servir froid.

Biscuits au sucre

Découpez ces biscuits délectables selon la forme qui convient à l'occasion. Les enfants pourront vous aider à les tailler, en goûtant à la pâte à leur guise.

RENDEMENT: ENVIRON 4 DOUZAINES

2½ t (625 ml) de farine tout usage

3 c. à tab (45 ml) de tapioca

1 c. à thé (5 ml) de bicarbonate de sodium

1 c. à thé (5 ml) de crème de tartre

½ t (125 ml) de margarine non hydrogénée à la température ambiante

½ t (125 ml) d'huile de coco fondue

1½ t (375 ml) de sucre glace

¼ t (60 ml) de lait d'amande ou de soja non sucré, à la température ambiante

½ c. à thé (2 ml) de vanille

½ c. à thé (2 ml) d'essence d'amande

sucre de canne non raffiné, pour saupoudrer

① **Préparation de la pâte.** Dans un petit bol, mélanger la farine, le tapioca, le bicarbonate de sodium et la crème de tartre. Réserver. Dans le bol d'un batteur sur socle, battre la margarine et l'huile de coco. Ajouter graduellement le sucre glace, le lait d'amande, la vanille et l'essence d'amande, en battant pour mélanger les ingrédients, sans plus. Ajouter les ingrédients secs et mélanger jusqu'à l'obtention d'une pâte molle. Envelopper la pâte dans une pellicule de plastique, en serrant bien, et réfrigérer de 15 à 20 minutes. Tapisser une grande plaque à pâtisserie de papier-parchemin.

② **Abaissage, découpage et réfrigération.** Mettre la pâte sur une surface légèrement farinée et l'abaisser à environ ¼ po (5 mm) d'épaisseur. À l'aide d'emporte-pièce légèrement farinés, découper l'abaisse selon les formes désirées et déposer délicatement les biscuits sur la plaque à pâtisserie. Saupoudrer légèrement de sucre de canne et mettre la plaque au réfrigérateur 1 heure. (Cela empêche les biscuits de s'étendre pendant la cuisson.)

③ **Cuisson.** Préchauffer le four à 375 °F (190 °C). Retirer la plaque à pâtisserie du réfrigérateur et cuire les biscuits au four de 7 à 8 minutes, jusqu'à ce qu'ils soient dorés. Laisser refroidir 10 minutes sur la plaque, puis mettre les biscuits sur une grille et laisser refroidir complètement.

Friandises glacées au chocolat

À voir les ingrédients, il est difficile de croire que ces « fudges » ont le goût des vrais, mais c'est le cas! Sucrés avec des bananes et du sirop d'érable et enrichis de crème de coco, ils constituent une version santé de ceux qu'on trouve au rayon des surgelés.

6 À 10 PORTIONS, SELON LA TAILLE DES MOULES

1 boîte de 15 oz (450 ml) de lait de coco entier, réfrigérée depuis la veille

3 grosses bananes

¼ t (60 ml) de poudre de cacao non sucrée

⅛ c. à thé (0,5 ml) de sel de mer

½ c. à thé (2 ml) de vanille

3 c. à tab (45 ml) de sirop d'érable pur

① **Préparation de la crème de coco.** Perforer la boîte de lait de coco et égoutter le liquide. Mettre la crème de coco ainsi obtenue dans la jarre d'un mélangeur.

② **Préparation des friandises et congélation.** Ajouter les bananes, la poudre de cacao, le sel de mer, la vanille et le sirop d'érable et mélanger jusqu'à l'obtention d'un mélange épais et crémeux. Verser dans des moules à sucettes glacées et congeler de 2 à 4 heures ou jusqu'à ce que les friandises soient glacées. Passer les moules sous l'eau tiède pendant 30 secondes pour démouler les friandises.

CHOCOLAT CHAUD SANS PRODUITS LAITIERS PRÊT EN 5 MINUTES

Une boisson riche et onctueuse parfaite pour les journées froides de l'hiver! Assurez-vous de choisir un chocolat mi-amer de bonne qualité sans produits laitiers (les chocolats de moindre qualité contiennent parfois des solides de lait).

4 PORTIONS

4 t (1 L) de lait d'amande, de coco, de chanvre ou de soja non sucré

8 oz (250 g) de chocolat mi-amer sans produits laitiers, râpé

sucre ou autre édulcorant

guimauves ou Crème fouettée au lait de coco (page 168), pour garnir (facultatif)

Mettre le lait et le chocolat mi-amer dans une petite casserole. Porter à ébullition à feu moyen-vif, en brassant sans arrêt, et laisser bouillir pendant 1 minute. Retirer du feu et brasser sans arrêt jusqu'à ce que tout le chocolat soit fondu. Ajouter du sucre, au goût. Servir aussitôt garni de guimauves ou de Crème fouettée au lait de coco, si désiré.

Sandwichs à la crème glacée à la vanille

Ces régals qu'on prépare avec de la crème glacée maison ou du commerce sont aussi amusants à faire qu'à déguster. Ils sont plus grands que les sandwichs habituels, mais on peut les couper en deux.

RENDEMENT: 8 SANDWICHS

BISCUIT AU CHOCOLAT

⅔ t (160 ml) de lait de coco

½ t (125 ml) de sucre de canne non raffiné

⅓ t (80 ml) d'huile de canola

1 c. à thé (5 ml) de vinaigre de cidre

1 c. à thé (5 ml) de vanille

⅔ t (160 ml) de farine tout usage

⅓ t (80 ml) de poudre de cacao

½ c. à thé (2 ml) de bicarbonate de sodium

¼ c. à thé (1 ml) de poudre à pâte

⅛ c. à thé (0,5 ml) de sel

CRÈME GLACÉE

4 t (1 L) de Crème glacée à la vanille (page 158) ou crème glacée à la vanille sans produits laitiers du commerce, ramollie

① **Préparation du biscuit.** Préchauffer le four à 350 °F (180 °C). Huiler légèrement une plaque à pâtisserie à rebords de 11 po x 17 po (28 cm x 43 cm), puis la tapisser de papier-parchemin en laissant le papier dépasser sur les bords. Dans un grand bol, mélanger le lait de coco, le sucre, l'huile de canola, le vinaigre et la vanille. Dans un autre bol, tamiser la farine, la poudre de cacao, le bicarbonate de sodium, la poudre à pâte et le sel et bien mélanger. Ajouter les ingrédients secs aux ingrédients liquides et mélanger jusqu'à ce que la pâte soit homogène,

sans plus (ne pas trop brasser). Verser la pâte sur la plaque à pâtisserie en égalisant avec une spatule, au besoin. Cuire au four de 7 à 10 minutes ou jusqu'à ce que le biscuit reprenne sa forme sous une légère pression du doigt. Transférer sur une grille et laisser refroidir complètement.

② **Assemblage et congélation.** Utiliser le papier-parchemin pour retirer le biscuit refroidi de la plaque à pâtisserie et le déposer sur une planche à découper. Couper le biscuit en deux sur la largeur à l'aide d'un couteau bien biscuit. Mettre une pellicule de plastique légèrement plus grande que le biscuit sur une surface de travail propre. Déposer une moitié de biscuit, le dessus vers le bas, sur la pellicule. Couvrir uniformément de la crème glacée ramollie. Déposer délicatement l'autre biscuit sur la crème glacée, le dessus vers le haut. (On peut utiliser les mains ou le papier-parchemin pour cette étape.) Remettre le sandwich sur la plaque à pâtisserie et l'envelopper de pellicule de plastique. Congeler 2 heures ou jusqu'au lendemain.

③ **Découpage.** Retirer du congélateur et utiliser un couteau bien aiguisé pour égaliser tous les bords, puis découper en 8 rectangles. Piquer le dessus des sandwichs en 3 ou 4 endroits avec une fourchette. Servir aussitôt.

Ressources utiles au Québec

Voici quelques produits que j'utilise couramment pour cuisiner sans produits laitiers. Bien que la plupart soient offerts en ligne ou dans certains supermarchés, je vous recommande de visiter votre marché public ou votre épicerie locale pour dénicher des produits locaux sans produits laitiers.

Bob's Red Mill

Cette compagnie produit des farines, des grains et des mélanges à pâte, dont certains sont sans gluten ou sans produits laitiers. Offerts au rayon des farines ou dans la section santé de l'épicerie.
www.bobsredmill.com
(en anglais seulement)

Daiya

Utilisé aussi en restauration, leur faux fromage râpé est le meilleur. Sans OGM, il ne contient ni soja, ni gluten, ni produits laitiers. Offert dans la section réfrigérée des produits végétariens.
www.ca.daiyafoods.com
(en anglais seulement)

Earth Balance

Cette compagnie propose un vaste éventail d'aliments sans produits laitiers, incluant des tartinades végétaliennes biologiques sans OGM. Offerts dans les sections réfrigérées des épiceries santé et dans les épiceries où on retrouve des produits végétariens.
www.earthbalancenatural.com
(en anglais seulement)

Eden Foods

Un vaste éventail de produits qui conviennent à l'alimentation sans produits laitiers, incluant des produits de soja sans OGM. Offerts dans la section bio de la plupart des épiceries.
www.edenfoods.com
(en anglais seulement)

Enjoy Life Foods

Ces aliments sont produits dans une usine exempte des principaux allergènes alimentaires, incluant les produits laitiers et les noix. Offerts dans les épiceries santé.
www.enjoylifefoods.com
(en anglais seulement)

Nutiva Organics

Fournisseur d'huile de coco biologique et d'huile de chanvre de qualité. Offertes dans la section des condiments de certaines épiceries spécialisées.
https://store.nutiva.com/canada/
(en anglais seulement)

So Delicious

Ces desserts glacés, boissons d'amande, de soja ou de noix de coco et crème à café ou yogourt exempts de produits laitiers sont tous sans OGM. Offerts dans certaines grandes surfaces et dans les épiceries santé.
www.fr.sodeliciousdairyfree.ca

Thai Kitchen

Ce lait de coco biologique est mon préféré et il est offert pratiquement partout.
www.thaikitchencanada.ca

Vitamix

Ces mélangeurs à haute puissance de niveau professionnel sont très utiles dans la cuisine sans produits laitiers, notamment pour moudre les noix ou réduire les légumes en purées lisses. Offerts en ligne et dans certaines boutiques spécialisées.
vitamix.ca (en anglais seulement)

Wholesome Sweeteners

C'est un producteur de sucres non raffinés biologiques et équitables, qui n'utilise de surcroît aucun agent de blanchiment. Toutes les recettes du livre contenant du sucre de canne non raffiné ont été réalisées avec ce sucre de canne naturel certifié équitable. Offert dans les épiceries santé, dans la section des farines.
www.wholesomesweeteners.com
(en anglais seulement)

Yaourtière automatique EuroCuisine (modèle YM 100)

Assez abordable, cette yaourtière permet de fabriquer son propre yogourt. Offerte en ligne (notamment chez Rawnutrition et sur Amazon) et dans certaines cuisineries.
www.eurocuisine.net
(en anglais seulement)

À noter

Au Québec, certaines épiceries qui ont une importante section de produits biologiques et toute bonne épicerie santé proposent un éventail de produits pouvant convenir à un mode de vie sans produits laitiers. On peut également y trouver des noix, du riz, des huiles qui peuvent être équitables, sans OGM ou biologiques. Certains producteurs s'assurent aussi de fabriquer leurs aliments dans une usine exempte de certains allergènes, incluant le lait.

Bibliographie

CHAPITRE 1

Åkerblom, Hans K., et Mikael Knip. « Putative Environmental Factors in Type 1 Diabetes », *Diabetes / Metabolism Reviews,* vol. 14, n° 1, 1998, p. 31-68.

Campbell, T. Colin, et Thomas M. Campbell. *The China Study: The Most Comprehensive Study of Nutrition Ever Conducted and the Startling Implications for Diet, Weight Loss and Long-Term Health*, Dallas, TX : BenBella, 2005.

Chan, J. M., et E. L. Giovannucci. « Dairy Products, Calcium, and Vitamin D and Risk of Prostate Cancer », *Epidemiological Reviews*, vol. 23, n° 1, 2001, p. 87-92.

Esselstyn, Caldwell B. « Resolving the Coronary Artery Disease Epidemic through Plant-Based Nutrition », *Preventive Cardiology*, vol. 4, n° 4, 2001, p. 171-177.

Feskanich, D., et autres. « Milk, Dietary Calcium, and Bone Fractures in Women: A 12-year Prospective Study », *American Journal of Public Health,* vol. 87, n° 6, 1997, p. 992-997.

Frassetto, L. A., et autres. « Worldwide Incidence of Hip Fracture in Elderly Women: Relation to Consumption of Animal and Vegetable Foods » *Journals of Gerontology,* vol. 55, n° 10, 2000, p. 585-592.

Gupta, Ruchi S., et autres. « The Prevalence, Severity, and Distribution of Childhood Food Allergy in the United States » *Pediatrics,* vol. 128, n° 1, 2011.

Jacobson, Hilary. *Mother Food: For Breastfeeding Mothers: Foods and Herbs That Promote Milk Production and a Mother's Health.* [S.l.]: Rosalind Press, 2004, p. 138-140. (Série *Mother Food*)

Karjalainen, Jukka, et autres. « A Bovine Albumin Peptide as a Possible Trigger of Insulin-Dependent Diabetes Mellitus », *New England Journal of Medicine,* vol. 327, n° 5, 1992, p. 302-307.

Kradijan, Robert. « The Milk Letter: A Message to My Patients », *New York Times Magazine*, 6 octobre 2002.

Law, M. R., et N. J. Wald. « An Ecological Study of Serum Cholesterol and Ischaemic Heart Disease between 1950 and 1990 », *European Journal of Clinical Nutrition,* vol. 48, n° 5, 1994, p. 305-325.

McBean, L., et G. Miller. « Allaying Fears and Fallacies about Lactose Intolerance », *Journal of the American Dietetic Association,* vol. 98, n° 6, 1998, p. 671-676.

Naik, R. G., et J. P. Palmer. « Preservation of Beta-cell Function in Type 1 Diabetes », *Diabetes Reviews,* vol. 7, 1999, p. 154-182.

Physicians Committee for Responsible Medicine. « Health Concerns about Dairy Products », 2012. www.pcrm.org/health/diets/vegdiets/health-concerns-about-dairy-products

Pickarski, Ron. « The Protein Issue and Vegetarianism. (High-Protein Diets May Increase Chances of Osteoporosis; Includes Vegetarian Recipes) », *Total Health*, Total Health Communications Inc., 1990.

Sicherer, Scott. « Clinical Implications of Cross-reactive Food Allergens », *Journal of Allergy and Clinical Immunology,* vol. 108, n° 6, 2001, p. 881-890.

Woodford, K. B. *Devil in the Milk: Illness, Health and Politics of A1 and A2 Milk*, White River Junction, VT : Chelsea Green Publishing, 2007.

CHAPITRE 2

Balch, James F., et Phyllis A. Balch. *Prescription for Nutritional Healing*, 2e édition, Garden City Park, NY : Avery Publishing Group Inc., 1997, p. 23-24.

Brown, Amy C., *Understanding Food: Principles and Preparation*, Belmont, CA : Thomson/Wadsworth, 2008.

Michel, Beat A., Daniel A. Bloch et James F. Fries. « Weight-Bearing Exercise, Overexercise, and Lumbar Bone Density Over Age 50 Years », *Archives of Internal Medicine,* vol. 149, n° 10, 1989, p. 2325-2329.

Office of Dietary Supplements National Institutes of Health. « Calcium, Calcium QuickFacts », 14 mars 2013. www.ods.od.nih.gov/factsheets/Calcium-QuickFacts

Office of Dietary Supplements, National Institutes of Health. « Vitamin D Health Professional Fact Sheet », 24 juin 2011. www.ods.od.nih.gov/factsheets/VitaminD-HealthProfessional

CHAPITRE 3

Adebamowo, C., et autres. « High School Dietary Dairy Intake and Teenage Acne », *Journal of the American Academy of Dermatology,* vol. 52, n° 2, 2005, p. 207-214.

Baker, Mitzi. « Vitamin E and Cancer Risk », *Cancer Today*, vol. 2, n° 4, 2012. www.cancertodaymag.org/Winter2012/Pages/vitamin-e-and-cancer-risk-.aspx

Balch, James F., et Phyllis A. Balch. *Prescription for Nutritional Healing*. Garden City Park, NY : Avery Pub. Group, 1997, p. 26-28.

Balch, James F., et Phyllis A. Balch. *Prescription for Nutritional Healing*, 2e édition, Garden City Park, NY : Avery Publishing Group Inc., 1997, p. 19-20.

Bibliographie (suite)

Cohen, Ashley E., et Carol S. Johnston. « Almond Ingestion at Mealtime Reduces Postprandial Glycemia and Chronic Ingestion Reduces Hemoglobin A1c in Individuals with Well-controlled Type 2 Diabetes Mellitus », *Metabolism,* vol. 60, n° 9, 2011, p. 1312-1317.

Davis, P., et C. Iwahashi. « Whole Almonds and Almond Fractions Reduce Aberrant Crypt Foci in a Rat Model of Colon Carcinogenesis », *Cancer Letters,* vol. 165, n° 1, 2001, p. 27-33.

Food Allergy Research & Education. « Tree Nut Allergies ». www.foodallergy.org/allergens/tree-nut-allergy

Greenwald, P., E. Lanza et G. A. Eddy. « Dietary Fiber in the Reduction of Colon Cancer Risk », *Journal of the American Dietetic Association,* vol. 87, n° 9, 1987, p. 1178-1188.

Jenkins, D. J., et autres. « Almonds Decrease Postprandial Glycemia, Insulinemia, and Oxidative Damage in Healthy Individuals », *Journal of Nutrition,* vol. 136, 2006, p. 2987-2992.

Jenkins, D. J., et autres. « Dose Response of Almonds on Coronary Heart Disease Risk Factors: Blood Lipids, Oxidized Low-Density Lipoproteins, Lipoprotein(a), Homocysteine, and Pulmonary Nitric Oxide: A Randomized, Controlled, Crossover Trial », *Circulation,* vol. 106, 2002, 1327-1332.

Josse, A., et autres. « Almonds and Postprandial Glycemia — A Dose-Response Study », *Metabolism,* vol. 56, n° 3, 2007, p. 400-404.

Klein, E. A., et autres. « Vitamin E and the Risk of Prostate Cancer: The Selenium and Vitamin E Cancer Prevention Trial (SELECT) », *The Journal of the American Medical Association,* vol. 306, n° 14, 2011, p. 1549-1556.

Kris-Etherton, Penny M., et autres. « The Effects of Nuts on Coronary Heart Disease Risk », *Nutrition Reviews,* vol. 59, n° 4, 2001, p. 103-111.

Liao, Fangzi, Aaron R. Folsom et Frederick L. Brancati. « Is Low Magnesium Concentration a Risk Factor for Coronary Heart Disease? The Atherosclerosis Risk in Communities (ARIC) Study », *American Heart Journal,* vol. 136, n° 3, 1998, p. 480-490.

National Cancer Institute. « The SELECT Prostate Cancer Prevention Trial », 12 octobre 2011. www.cancer.gov/clinicaltrials/noteworthy-trials/select/Page1

Office of Dietary Supplements, National Institutes of Health. « Magnesium: A Health Professional Fact Sheet », 13 juillet 2009. www.ods.od.nih.gov/factsheets/Magnesium-HealthProfessional

Ohlsson, Lena. « Dairy Products and Plasma Cholesterol Levels », *Food & Nutrition Research,* vol. 54, 19 août 2010.

Preedy, Victor R., Ronald R. Watson et Vinood B. Patel. « Almonds (*Prunus Dulcis*): Post-Ingestive Hormonal Response », dans Preedy, Victor R., Ronald R. Watson et Vinood B. Patel, *Nuts & Seeds in Health and Disease Prevention.* Londres : Academic, 2011, p. 167-174.

Rude, R. K., et M. Olerich. « Magnesium Deficiency: Possible Role in Osteoporosis Associated with Gluten-sensitive Enteropathy », *Osteoporosis International,* vol. 6, n° 6, 1996, p. 453-461.

Scott, Jess C. *Clear: A Guide to Treating Acne Naturally.* [S.l.] : JessINK, 2012.

Spiller, G. A., et autres. « Effect of a Diet High in Monounsaturated Fat from Almonds on Plasma Cholesterol and Lipoproteins », *Journal of the American College of Nutrition,* vol. 11, n° 2, 1992, p. 126-130.

Stein, Rob. « Study: More Milk Means More Weight Gain », *The Washington Post,* 7 juin 2005.

Wien, D., et autres. « Almond Consumption and Cardiovascular Risk Factors in Adults with Prediabetes », *Journal of the American College of Nutrition,* vol. 29, n° 3, 2010, p. 189-197.

Wien, M. A., et autres. « Almonds vs Complex Carbohydrates in a Weight Reduction Program », *International Journal of Obesity,* vol. 27, n° 11, 2003, p. 1365-1372.

CHAPITRE 4

Anderson, J. W., B. M. Johnstone et M. E. Cook-Newell. « Meta-analysis of the Effects of Soy Protein Intake on Serum Lipids », *New England Journal of Medicine,* vol. 333, n° 5, 1995, p. 276-282.

Asthma and Allergy Foundation of America. « Information about Asthma, Allergies, Food Allergies and More! », 2005. www.aafa.org/display.cfm?id=9

Barnard, Neal. « Soy and Your Health », *HuffingtonPost.com,* 23 août 2012. www.huffingtonpost.com/neal-barnard-md/soy-health_b_1822291.html

Bowden, Jonny. *The 150 Healthiest Foods on Earth: The Surprising, Unbiased Truth about What You Should Eat and Why.* Gloucester, MA : Fair Winds, 2007, p. 166-167.

DesMaisons, Kathleen. « Sorting Out the Soy Story », *Radiant Recovery,* 2003. www.radiantrecovery.com/soy4303html.htm

Dona, Artemis, et Ioannis Arvanitoyannis. « Health Risks of Genetically Modified Foods », *Critical Reviews in Food Science and Nutrition,* vol. 49, n° 2, 2009, p. 164-175.

Fernandez-Cornejo, Jorge. « Adoption of Genetically Engineered Crops in the U.S.: Recent Trends in GE Adoption », USDA, 5 juillet 2012. www.ers.usda.gov/data-products/adoption-of-genetically-engineered-crops-in-the-us/recent-trends-in-ge-adoption.aspx

Gardner, Christopher D., et autres. « Effect of Two Types of Soy Milk and Dairy Milk on Plasma Lipids in Hypercholesterolemic Adults: A Randomized Trial », Journal of the American College of Nutrition, vol. 26, n° 6, 2006, p. 669-677.

James, Clive. Global Status of Commercialized Biotech/GM Crops: 2012. Ithaca, NY : ISAAA, 2012.

National Cancer Institute. « Breast Cancer Prevention », www.cancer.gov/cancertopics/pdq/prevention/breast/Patient/page3

Nestle, Marion. What to Eat. New York : North Point, 2007, p. 128-137.

O'Connor, Anahad. « Really? The Claim: Eating Soy Increases the Risk of Breast Cancer », The New York Times, 25 juin 2012.

Shu, X. O., et autres. « Soy Food Intake and Breast Cancer Survival », Journal of the American Medical Association, vol. 302, n° 22, 2009, p. 2437-2443.

Spiroux De Vendômois, Joël, et autres. « Debate on GMOs Health Risks after Statistical Findings in Regulatory Tests », International Journal of Biological Sciences, vol. 6, n° 6, 2010, p. 590-98.

Willett, Walter, et autres. Eat, Drink, and Be Healthy: The Harvard Medical School Guide to Healthy Eating, New York : Simon & Schuster, 2005, p. 127-128.

Wu, A. H., et autres. « Epidemiology of Soy Exposures and Breast Cancer Risk », British Journal of Cancer, vol. 98, n° 1, 2008, p. 9-14.

CHAPITRE 5

Clark, Melissa. « Once a Villain, Coconut Oil Charms the Health Food World », The New York Times, 2 mars 2011.

Enig, Mary G. « Coconut: In Support of Good Health in the 21st Century », Discours, 30e anniversaire de l'Asian Pacific Coconut Community. www.hgm.com.my/images/download/ENIG.pdf

Fife, Bruce. « Coconut Oil and Medium-Chain Triglycerides », Coconut Research Center, 2003. www.coconutresearchcenter.org/article10612.htm

Harvard School of Public Health. « Shining the Spotlight on Trans Fats ». www.hsph.harvard.edu/nutritionsource/transfats

Isaacs, Charles E., Richard E. Litov et Halldor Thormar. « Antimicrobial Activity of Lipids Added to Human Milk, Infant Formula, and Bovine Milk », The Journal of Nutritional Biochemistry, vol. 6, n° 7, 1995, p. 362-366.

Nevin, K., et T. Rajamohan. « Beneficial Effects of Virgin Coconut Oil on Lipid Parameters and in Vitro LDL Oxidation », Clinical Biochemistry, vol. 37, n° 9, 2004, p. 830-835.

Preuss, Harry G., et autres. « Minimum Inhibitory Concentrations of Herbal Essential Oils and Monolaurin for Gram-positive and Gram-negative Bacteria », Molecular and Cellular Biochemistry, vol. 272, nos 1-2, 2005, p. 29-34.

Thormar, H., et autres. « Hydrogels Containing Monocaprin Have Potent Microbicidal Activities against Sexually Transmitted Viruses and Bacteria in Vitro », Sexually Transmitted Infections, vol. 75, n° 3, 1999, p. 181-185.

Thormar, H., H. Hilmarsson et G. Bergsson. « Stable Concentrated Emulsions of the 1-Monoglyceride of Capric Acid (Monocaprin) with Microbicidal Activities against the Food-Borne Bacteria Campylobacter jejuni, Salmonella spp., and Escherichia coli », Applied and Environmental Microbiology, vol. 72, n° 1, 2006, p. 522-526.

CHAPITRE 6

« Arsenic in Your Food ». Consumer Reports, novembre 2012. www.consumerreports.org/cro/magazine/2012/11/arsenic-in-your-food/index.htm

American Physiological Society. « Brown Rice and Cardiovascular Protection », 13 octobre 2009. www.the-aps.org/mm/hp/Audiences/Public-Press/For-the-Press/releases/10/13.html

Ginsberg, Gary. « What's the Advice for Arsenic in Rice? », HuffingtonPost.com, 11 décembre 2012. www.huffingtonpost.com/dr-gary-ginsberg/whats-the-advice-for-arse_b_2218448.html

Hu, Emily A., et autres. « White Rice Consumption and Risk of Type 2 Diabetes: Meta-analysis and Systematic Review », British Medical Journal, vol. 344, 2012.

Jonnalagadda, Satya S., et autres. « Putting the Whole Grain Puzzle Together: Health Benefits Associated with Whole Grains — Summary of American Society for Nutrition 2010 Satellite Symposium », Journal of Nutrition, vol. 141, n° 5, 2011, p. 10115-10225.

Mann, Denise. « White Bread, Rice, and Other Carbs Boost Heart Disease Risk in Women », CNN.com, 12 avril 2010. www.cnn.com/2010/HEALTH/04/12/glycemic.diet.heart/index.html

Bibliographie (suite)

Milner, J. A. « Functional Foods and Health Promotion », *The Journal of Nutrition*, vol. 129, n° 7, 1999, p. 1395-1397.

Most, Marlene M., et autres. « Rice Bran Oil, Not Fiber, Lowers Cholesterol in Humans », *The American Journal of Clinical Nutrition*, vol. 81, n° 1, 2005, p. 64-68.

Pereira, M. A., et autres. « Dietary Fiber and Risk of Coronary Heart Disease: A Pooled Analysis of Cohort Studies », *Archives of Internal Medicine*, vol. 164, n° 4, 2004, p. 370-376.

Schattner, Elaine. « So There's Arsenic in Our Rice — Now What? », *The Atlantic*, 27 septembre 2012.

Sheaffer, Virginia, et Giselle Zayon. « Temple Study Points to Cardiovascular Benefits of Brown Rice », *Temple University School of Medicine*, 5 mai 2010. www.temple.edu/medicine/eguchi_brown_rice.htm

Sun, Q. D., et autres. « White Rice, Brown Rice, and Risk of Type 2 Diabetes in US Men and Women », *Archives of Internal Medicine*, vol. 170, n° 11, 2010, p. 961-969.

USA Rice Federation. « USA Rice Federation Statement on Arsenic in Rice », 6 décembre 2012. www.usarice.com/index.php?option=com_content&view=article&id=1686:usa-rice-federation-statement-on-arsenic-in-rice&catid=84:usarice-newsroom&Itemid=327

Wolk, Alicja, et autres. « Long-term Intake of Dietary Fiber and Decreased Risk of Coronary Heart Disease Among Women », *Journal of the American Medical Association*, vol. 281, n° 21, 1999, p. 1998-2004.

CHAPITRE 7

Bowden, Jonny. *The 150 Healthiest Foods on Earth: The Surprising, Unbiased Truth about What You Should Eat and Why*. Gloucester, MA : Fair Winds, 2007, p. 306-307.

Chang, C. S., et autres. « Gamma-linolenic Acid Inhibits Inflammatory Responses by Regulating NF-kappaB and AP-1 Activation in Lipopolysaccharide-induced RAW 264.7 Macrophages », *Inflammation*, vol. 33, n° 1, 2010, p. 46-57.

Connor, William E. « Importance of N-3 Fatty Acids in Health and Disease », *The American Journal of Clinical Nutrition*, vol. 71, n° 1, 2000, p. 1715-1755.

Erasmus, Udo. *Fats That Heal, Fats That Kill: The Complete Guide to Fats, Oils, Cholesterol, and Human Health*, Burnaby, BC, Canada : Alive, 1993, p. 288-291.

Harris, W. S., et autres. « Omega-6 Fatty Acids and Risk for Cardiovascular Disease: A Science Advisory from the American Heart Association Nutrition Subcommittee of the Council on Nutrition, Physical Activity, and Metabolism; Council on Cardiovascular Nursing; and Council on Epidemiology and Prevention », *Circulation*, vol. 119, n° 6, 2009, p. 902-907.

Lando, Laura. « The New Science Behind America's Deadliest Diseases », *The Wall Street Journal*, 16 juillet 2012. http://online.wsj.com/article/SB10001424052702303612804577531092453590070.html

Rodriguez-Leyva, Delfin, et Grant N. Pierce. « The Cardiac and Haemostatic Effects of Dietary Hempseed », *Nutrition & Metabolism*, vol. 7, n° 1, 2010, p. 32.

Rodriguez-Leyva, Delfin, Richelle S. McCullough et Grant N. Pierce. « Medicinal Use of Hempseeds (*Cannabis Sativa L.*): Effects on Platelet Aggregation », in Preedy, Victor R., Ronald R. Watson et Vinood B. Patel, *Nuts & Seeds in Health and Disease Prevention*. Londres : Academic, 2011, p. 640-643.

Schwab, U. S., et autres. « Effects of Hempseed and Flaxseed Oils on the Profile of Serum Lipids, Serum Total and Lipoprotein Lipid Concentrations and Haemostatic Factors », *European Journal of Nutrition*, vol. 45, n° 8, 2006, p. 470-477.

Simopoulos, Artemis P., Alexander Leaf et Norman Salem, Jr. « Workshop on the Essentiality of and Recommended Dietary Intakes for Omega-6 and Omega-3 Fatty Acids », *Journal of the American College of Nutrition*, vol. 18, n° 5, 1999, p. 487-489.

Remerciements

Comme presque tout en cuisine, ce livre est le fruit d'une collaboration. À mon mari, Brian : ton soutien inconditionnel enrichit toutes les sphères de ma vie. À mon fils, Elliott : j'ignorais à quel point une petite personne pouvait m'inspirer d'une façon si grandiose. À ma sœur, Beth : merci d'avoir goûté mes créations pendant toutes ces années et d'avoir toujours vu grand pour moi. Je remercie ma tante, mon oncle et mes cousins de m'avoir permis d'expérimenter mes recettes dans leur cuisine pendant les premières années de mon parcours professionnel et de m'avoir toujours poussée à aller de l'avant. Maman, merci de m'avoir encouragée à lire tout ce que je pouvais trouver sur le sujet. Papa, merci de m'avoir convaincue que je pouvais réaliser tout ce que je désirais.

Un immense merci s'impose à toute l'équipe de Fair Winds Press et à mon agente, Marilyn Allen. Je suis très reconnaissante à Jill Alexander et à Dianne Jacob d'avoir peaufiné mes textes pour en faire un livre, et à Marilyn d'avoir mis cette idée en branle.

Merci à l'équipe de About.com pour tout ce que vous faites et avez fait pour soutenir le site Dairyfreecooking.about.com depuis six ans. Je suis fière de pouvoir contribuer à votre vaste réseau d'information.

Merci à toutes les publications qui ont diffusé mon travail et continuent de le faire, y compris *Alaska Dispatch, Anchorage Daily News, Anchorage Press, GOOD, Narrative, San Francisco Medicine* et *Tundra Telegraph.*

Un dernier remerciement, mais non le moindre, s'adresse à tous les lecteurs qui m'ont nourrie de leurs commentaires et qui ont contribué à établir une communauté de gens soucieux de manger et de vivre sainement. Vos courriels, vos avis sur les recettes et vos mots d'encouragement ont pour moi une valeur inestimable.

À propos de l'auteure

Ashley Adams a collaboré à de nombreux volets de l'industrie alimentaire sans produits laitiers, incluant l'enseignement de la cuisine végétalienne, la création de recettes végétaliennes et sans produits laitiers pour des restaurants, et la rédaction de textes sur le site Dairyfreecooking.about. com. Plus d'un millier de ses recettes personnelles sont disponibles en ligne. Rédactrice à la pige, elle se spécialise dans les textes sur l'alimentation, la santé et le bien-être, qui paraissent dans diverses publications. Elle travaille, cuisine, photographie et écrit à Anchorage en Alaska, avec son mari, Brian, et son fils, Elliott.

Index